語文教學叢書

翻轉吧！國文正青春

邱淑琴　著

序

　　教書，是我所熱愛的工作，我期許自己的教學，是「三效合一」的有效教學。

　　（一）有效：效果。

　　其實，每一種教學法，每一堂課，應該都是有效的，然而，我更關心的是：效果的多或少？長或短？

　　由於老師與學生的特質不同，我經常思考如何教？學生如何學？也試著用觀察法或科學的統計方法，來具體評估教學的有效性。

　　（二）有笑：笑果。

　　教學，不應該只有適當的壓力，也要有趣味、有活動、有歡笑，課堂中的快樂，會在孩子的臉上綻放最美麗的笑果。

　　（三）有酵：酵果。

　　老師有責任幫助學生的學習，是可以記憶久一點、理解深一點、運用廣一點的發酵學習，是可以把潛力激發出來，把能力帶到將來，在孩子的生命中持續發酵結果的學習。

　　每一年，每一個班，我的教學活動、班級經營與輔導工作，都需要按著學生的特質與起點的行為進行調整或改變，畢竟，我們是「活」的人，教育的工作是持續「動」的前進。

　　我體會到老師是教學的設計者和引導者，每一個單元或每一課的教學，都必須要有完整的過程，從課前的準備、課程的進行到課後的作業，我持續地做記錄、省思、追蹤與補救，而且，當我投注更多的心力，教學就「動起來」了。

不放棄任何一個孩子，讓每一個孩子都參與學習，是我的教育理念，所以，我積極運用小組的教學，設計多元化的教學活動與評量，鼓勵學生參與、表演、站在講台上成為主角，當學生也「動」起來，教與學才能一呼一應地共舞，展現變動中持續進步的驚喜，營造更活潑、更精彩的教學互動。

最近幾年，隨著少子化的效應，引發了學校減班與教師超額的問題，直接衝擊了教師的就業市場，很多優秀的流浪教師，不得不四處奔波，努力爭取不穩定的代課職缺，必須面對一次又一次考筆試的壓力，和進行口試與試教的磨難。

我也屢次參與學校教評會的甄試工作，深知大家期盼所甄選進來的老師應該具備充分的專業知能，得以在開學之後，立刻承擔班級教學與班級經營的重大職責。

經歷過教學的跌跌撞撞，去年我退休了，埋首整理這本書，衷心祈望對於準備要從事教職的學生，或已經投身職場正在努力奮鬥的老師們，能有一些實務上的參考與協助！

《翻轉吧！國文正青春》主要的內容共有七大部分，包括：

一、「國文正青春」，是國文教學前二十年的經驗分享。

二、「國文 e 花園」，是最近七年教學電子化的經驗分享。

三、「作文萬花筒」，是作文教學的具體呈現。

四、「教學回應表」，是老師「教」與學生「學」的回顧與回應。

五、「教與學共舞」，是有效教學的教案設計並實際進行的教學活動。

六、「職場情報站」，分享在學校的職場中，部分的經驗、體會與提醒。

七、「杏壇昏慌錄」，摘錄了幾篇個人的仿寫與創作。

　　我很高興，翻轉教育受到媒體與老師們的重視，成為教育改革的趨勢。

　　感謝曾經有許多的前輩，將他們的經驗與專長無私地傾囊相授，這些「貴人」對我有很多的激勵，不只是在學理上的教導，也提供許多寶貴的建議。

　　感謝臺北市教育局和本校教務處的同仁，尤其是林美芳主任，當年因為他們大力推動「教師教學的行動研究」與「教師的教學評鑑」，督促著我把教學的經驗整理出來，在國文教學、班級經營和學生輔導等項目上僥倖得獎！

　　感謝歷任校長對於老師們的提攜與支持，更感謝蕭智烈校長、張玉蘭校長、莊乾淇校長與林明貴校長，如師如友的全力協助。

　　最後，謹把這本書，獻給一切愛的源頭——上帝！

目次

國文正青春

　　基礎的國文教育，彷彿波濤洶湧的長浪下渾厚充沛的海水，有著深不可測闊不可量的豐富內涵，對於文化的傳承與創新，社會的脈動與演進，有著無聲無息，自然流動，而人力卻又無法掌控的穩定力量──那是生命的真、人性的善、文學的美。

　　語文，本來就是日常生活中最親切最實用的溝通與表達，是一切學習的根基，也是學習的工具，各科的學習都需要透過中文進行理解、記憶、操作與發表，所以，中學生的國文教學，幾乎可以說是沒有範圍的教學。

　　如何奠定學生聽說讀寫的基礎能力？如何引導學生欣賞閱讀並提昇靈性的氣質？如何激發學生創作的興趣與潛力？更重要的是：在教與學的過程中，如何促進師生情誼的滋長？如何挑撥生命影響生命的悸動？這是國文老師追求的目標，也是教學最大的責任與成就的所在！

　　這本書，除了用文字的敘述，也用照片說明實際教學的步驟和內容，希望用更清楚更具體的方式，來呈現教學的情境。

一　教室的管理

　　在中學時期，國文課無疑是功課表中節數最多的課程，師生的關係非常密切，所以，老師的班級經營就顯得特別的重要，各個層面都要兼顧才好。

　　孩子們從小學畢業進入新的學校，面對新的老師、新的同學、新

的課程，的確需要一段適應期，也正因為都是「新」的，老師更要把握第一個學期的前兩、三個月，因為這是建立新的生活規範的黃金時期。

站在教與學的起跑點，必須先從教室的管理、常規的建立和學生的輔導上鳴槍，才能奮勇向前，達成教學的目標。

（一）第一堂課的簡報

為了第一堂課，我製作了「國文課上課須知」的簡報，大概有三十分鐘。

首先是老師的自我介紹，包括姓名、字與號，並說明字號的由來（請參看愛國夫人傳），一方面加強同學們的印象，一方面也請同學們先想一想自己名字的意義，想取什麼字號，以後可以寫「我的霹靂傳」。

接著，是關於教室的管理與教學的常規。

1 上課的要求

老師強調，上課真的是學生的責任與義務喔。

所以，請同學們上課一定要準時，除非有公務或有合情、合理、合校規的原因，否則不能無故遲到；要帶課本、習作、教材和學用品，並寫上年、班、號與姓名，避免遺失，如果是在國文科特科教室上課，下課後，請記得帶走個人的物品；要抄筆記，老師整理的重點，請同學抄在課本上，學期末會進行檔案資料的評分；還要拜託同學，除非有特殊的需要，上課時請不要飲食。

其次是上課要守秩序，除了老師問問題、問題與討論或小組的討論之外，請同學先舉手再發言，如果無故干擾上課的秩序，老師會先點人到後面站五分鐘，站的人可以點人，最後一個被點的，下課之

後，必須協助檢查教室，關燈、關門窗或拖地板。

如果一節課被點到二次，就必須寫作業；三次，就要登錄在聯絡簿上，記一次秩序的違規，並與家長聯絡說明。如果是嚴重的干擾秩序，比如說：拿東西丟同學不聽勸阻，或跟同學打架等，或者是突發的緊急狀況，必要時，會先請班長到訓導處（現在有許多縣市已經改稱為學務處）請組長或主任來協助，下課後，老師會直接與家長聯絡，清楚地說明與溝通，讓家長知道孩子在學校上課的狀況，請家長協助教導，使親師可以一起來幫助孩子認真上課。

如果干擾秩序被登錄在聯絡簿上六次，老師會在旁邊註記：有一張指導表，請家長簽名。然後，請同學到學務處拿一張個案指導表，把每一次干擾秩序的日期和具體的行為寫清楚，當場寫完，老師看過，立刻用電話與家長聯絡，再將聯絡的時間、對象和重點寫在指導表上，並請同學把聯絡簿和指導表帶回家請家長簽名。

第二天，把家長簽過名的指導表影印一份老師存查，正本則送交學務處，要記警告一次（扣操行一分），並提醒同學三個星期以後，可以按照校規的程序進行銷過。

上課了，老師在哪裡呢？

幽谷琴音

老師，也需要遵守教學的常規嗎？

老師既然要求學生上課要準時，自己當然要更準時，這是榜樣，也是職責。

如果碰到開會、公務、與家長晤談、或者是學生事件的輔導等等，一旦發覺時間緊迫，有可能耽誤到上課了，最好先拜託同事幫忙到教室維持秩序或代課，如果是完整的一堂課，應該給付代課費。

　　如果無法臨時安排其他的老師協助，有可能老師們同時都在開會，就要儘快先回班上交代一聲，安排同學們自習、寫作業或溫習小考的範圍，萬一不行，還可以請班長或小老師幫忙轉告同學們，並維持教室的秩序，事後必須做清楚的說明。

　　如果純粹是因為私人的交通、緊急家務的處理等原因而遲到，應該跟同學們說明並道歉。如果是遲到或未到超過十分鐘，應該先通知行政人員，請同事幫忙，事後支付代課的鐘點費，或另外找時間補課。

　　身為老師，上課如果經常遲到，不但影響學生受教的權益，可能引發同學和家長的不滿與議論，同時，也增加了其他老師或導師班級經營的負擔，很可能造成同事之間的摩擦，而相關的行政人員，基於維護教學的品質，也必須介入，透過規勸、提交教評會討論等方式來處理，因為這已經影響個人的尊嚴與學校的形象了，所以，千萬不要太過隨性而輕忽了老師的職責。

　　某一所學校，有一個藝能科的老師上課經常遲到，剛開始，由於他上課的地點與一般的教室相隔較遠，不容易被察覺，有時候他會先請小老師播放教學的影片，有時候就是無政府的混亂狀態，由於他對學生很寬容，跟同學們建立了不錯的感情，儘管有極少數的同學反映，偶爾有幹部跟導師抱怨，但是，大多數的同學，樂得可以自由活動，又可以做自己的事，所以沒有太大的爭議。

　　然而，越來越多負面的傳聞，比如：他遲到的時間越來越長，同學們吵鬧的聲音干擾到其他的老師上課；經常要實習老師去代課，卻不支付代課費，還請實習老師跑腿買早餐、買午餐……等等。

　　行政同仁都感到很困擾，一次一次的巡堂記錄，一次一次的友善勸告，也曾經提交教評會，提出口頭的警告，他每一次都滿臉笑容直說抱歉承諾一定會改進，但是，不多久又故態復萌。

　　有一堂課，他又遲到很久了，該八年級的班級，有幾個男生非常好動，不調皮時純真有情，一鬧起來就忘了分寸，任課的老師們都知道需要恩威並用才能維持這個班級上課的秩序與安全，結果，大部分的同學在教室裡追逐嬉鬧，接著，有幾個男生開始拿出手機傳閱色情的影片，並對女同學講黃色的笑話，又誇大涉及性騷擾的動作，放學之後，有同學跟家長反映了。

　　第二天，家長向訓導處提出性騷擾的陳情，除了違規的同學要接受相關的懲處與輔導之外，又因為當時已經上課了，老師卻還沒有到校，所以，也將該老師提交教評會處理，開會之後，給予老師口頭的警告，要求老師寫切結書，保證上課不得再遲到，並決議在學年結束之後要提交到考績會討論，後來，該老師以家庭的因素申請調校。

　　還有一個老師，上體育課時讓同學們打球，他暫時離開，結果有一個同學跌倒了，傷勢頗重，緊急送醫，當家長又慌又急匆匆趕到醫院，得知孩子受傷的時候老師竟然不在場，立刻就發飆，他責問：「上課了，老師在哪裡？我的孩子受傷時，請問：老師在哪裡？」老師只能一再地道歉，最後經過協商，老師必須支付醫療所需的全部費用。

　　另外一個案例是發生在資源班，有一個代課的特教老師，因為坐在輔導室的座位上，就可以看見約三公尺旁的資源班教室，所以，每次上課前的下課時間，就先請同學拿鑰匙去開資

源班的教室，等上課鐘聲響了，老師很快就能走到教室。

有一個已經接受特別輔導的男同學，利用這短短的時間，把其他的同學推到教室外，把門鎖起來，對一個女同學上下其手進行騷擾，並且威脅同學們不可以告訴老師，直到女同學的好朋友鼓勵她應該告訴導師。

經過調查，又發現他還利用戶外課，趁機把女同學帶到老師看不到的角落進行騷擾，也曾經在原班級上其他的課時，跟任課的老師說要上廁所，卻去偷窺其他的女生上廁所。

特教組的組長，立刻先將兩位同學調成不同的資源班別，錯開上課的時間。

事情被知道之後，男同學惱羞成怒，又恐嚇受害者與她的好朋友，女同學感到非常害怕，她的父親心疼女兒，甚至衝到學校，威脅男同學說絕對不會善罷甘休，雙方家長開始互相放話，又跟老師告狀，互控對方恐嚇。

學校除了召開相關處室與老師們的會議，也召開了家長會議，按性騷擾防治法的程序提交性平會，幾經波折，家長的情緒終於比較平緩了，學校啟動輔導的機制加強對雙方學生的輔導，也聯絡社會局男同學原本的社工協助處理後續的法律程序與輔導。

同時，在不洩漏案情的原則下，提醒相關的行政人員與老師要做好教室的管理，確實掌握同學的出缺席，避免同學提早下課或中途離開，即使出去上廁所也應該追蹤，並加強在校園各廁所、空教室、偏僻角落的巡邏。

事後，特教老師很自責，她萬萬沒有想到，只是上、下課之間短短的幾分鐘，會發生這麼嚴重的事件，從此，她自己保管鑰匙，自己開門、關門，以維護同學們的安全。

2 作業的要求

請同學們要準時交作業，為了鼓勵準時繳交作業的同學，依不同性質的作業，加十到二十分；遲交要扣十分；缺交作業，要寫大補帖，缺交重要的作業要登錄在聯絡簿上，回家請家長簽名，老師也會在教學行事曆上做記錄，第二天，同學補交之後，老師會在行事曆上註銷。

作業缺交登錄聯絡簿六次，就要記警告乙次，其程序與辦法，和前項秩序的部分相同。

3 聯絡簿的登錄

為什麼要登錄在聯絡簿上呢？是為了提醒同學們需要改進的行為或補交的作業，並且要讓家長知道孩子在學校的情形，而次數的累計是寬容，代表同學不會因為不小心忘了寫作業，或偶爾的犯錯，就受到處罰，當然也是壓力，表示同學相同的行為一再地出現，即將被記警告了。

要如何登錄聯絡簿呢？我的設計融入了應用文書信的練習，我先打字，把字體放大，印成 A4 的格式，放進透明的資料袋裡免得破損，然後貼在黑板上或佈告欄上，當同學們有需要登錄聯絡簿時，就可以照著寫。

登錄的項目包括作業、秩序、整潔和幹部四個項目，每一項都是分開計次的，也就是說如果該項目被登錄六次，才會以該項目的原因寫一張指導表，並記一次警告，以國文科的作業為例，登錄的內容如下（用紅筆寫）：

11/25（日期）　　作業 第 次　　六次要記警告
親愛的媽媽或爸爸、阿公、阿嬤（稱謂）：天天快樂！（開頭應酬話）
　　我 1 國文習作 2 作業未交 3 報告沒寫 4 資料未簽名（或沒有交），請
不要擔心，我會補寫（或補交）的。（正文）　　敬祝
健康長壽（問候語）　　　　　　　愛你的兒子（自稱）＿＿＿＿敬上
　　　　　　　　　　　　　　　家長簽名＿＿＿＿＿＿＿＿

好孩子！要記警告了！

幽谷琴音

　　跟家長聯絡要注意細節，先請同學打電話給家長，如果同學有手機，最好請他用自己的手機撥給家長，讓家長確定這不是詐騙的電話，然後，請同學告訴家長打電話的原因：「媽媽，我是○○，我第六次沒有交國文作業，我們老師要和你說話。」再由老師接過電話說：「請問是○○媽媽嗎？您好，我是國文老師○○○，請問我現在方便跟您談話嗎？」如果家長現在不方便，就另外約時間，但是一定要在放學以前，避免孩子回家先說，恐怕避重就輕就引發紛爭，如果家長說現在可以，就繼續談，跟家長談「主題」之前，一定要先肯定同學的良好表現：「我很欣賞○○，他打掃很認真，寫字很工整，現在的態度很好……。」等等，讓家長知道老師有看到孩子很棒的特質和行為，老師不是專挑孩子的毛病，先緩和家長緊張的情緒，再說明事件的經過，敘述時要對事不對人，同學的行為錯了，但是，人是善良的、努力的、不是故意的，老師已經記警告了，拜託家長幫忙督促一下，可是，可不可以不要再處罰孩子了？以免孩子因為同一件事的行為受到雙重的處罰，那就

太委屈了，請家長不要太擔心，因為記一支警告，三個星期之後，就可以提出銷過的申請，同時說明如何銷過的辦法，讓家長和孩子放心。

當親師聯絡時，請同學在旁邊全程的聆聽和參與，因為有時候家長需要直接跟孩子說話，而孩子也需要跟家長作澄清，這是完全透明而公正的親師生溝通；再者，同學聽到老師仍然肯定他的優點，沒有加油添醋誇大他的缺點，而家長也能冷靜處理他的行為時，就能讓他比較有勇氣回家面對家長，並且學習說實話，這樣，才能避免親師生之間產生不必要的誤傳與誤會。

聯絡的重點，一定要隨時記錄，每一學年，我都有一本教學輔導行事曆，包括教學的行事曆（見後文）和教學輔導的記錄。

教學輔導的記錄，有三種主要的目的與功用，第一、註記與備忘，提醒老師第二天要收的相關資料或作業，收到後畫記刪去，避免重複催收，沒有收到的，可以根據記錄繼續追蹤避免遺漏。第二、方便於日後萬一需要查核或舉證時，可以翻閱。第三、如果是擔任導師的班級，在期末時，可以根據記錄的重點，隨時填寫學生的輔導記錄，所以，歷任輔導室的同仁多半肯定我的輔導記錄，不但真實、具體、詳細、又準時繳交，得過好幾張的感謝狀哪。

曾經，有同學為了逃避第六次要記警告的懲處，就把聯絡簿上的登錄與註記悄悄撕掉，自己更改登錄的次數，但是，在老師的行事曆上，日期、事由、次數、與哪一位家長聯絡和談話的重點，都記得清清楚楚的，再比對聯絡簿上的日期，馬上就找出短少的登錄了。

如果同學知道老師不馬虎，就會謹慎，學習要誠實，也要自我負責，其他的同學看見了，也有提醒和警戒的作用，達到預防的效果。

對於新生和新的班級，應該要有適應期與教導期，所以，前三個星期，萬一有同學因為作業缺交、干擾秩序、值日生與打掃工作不確實、或幹部未盡責影響班務和同學們的權益時，即使單一項目被登錄聯絡簿六次，他寫的指導表，也只收在老師的資料夾裡，之後，各項目都重新計算，如果再被登錄六次，再寫的指導表，才會交到訓導處，確實記一支警告。

如何登錄聯絡簿　　　六次寫指導表　　　老師的教學輔導紀錄

4 國文小老師

接著，請同學提名，票選出國文小老師，小老師的職責是登錄小考的成績，製作分組表，抄寫聯絡簿，提醒同學考試和交作業的時間等等，老師會說明期末的獎勵，但是，如果小老師輕忽職責，比如連續沒有告訴同學要考試的時間和範圍，影響老師的課務和同學們的權益了，就要登錄聯絡簿的幹部項目一條，或者是寫作業，給予提醒和

勸告，如果是情節重大或屢勸不改，經過晤談，有可能會被撤換小老師的職務。

5 分組與分工

最後，按座號分組，原則上每六個人一組，男女生各三人，也有的組是七人，請組員選出該組的組長與副組長，老師立刻登記下來，然後說明如何進行小組報告，並分配每一個人的工作與職掌，同時，請小老師參考學長的資料，在三天之內製作分組表，發給每一組的組長各一份，一份自己保管，一份給老師存參。

日後，有許多教學的作業、收考卷、表演、互評、討論和活動等，隨時都可以用小組的方式來進行。

管不好！換老師啦！

幽谷琴音

其實，教室管理的細則僅供參考，畢竟每一個老師的特質不同，理念與需求不同，任教的科目有別，學生的差異也很大，透過經驗、省思與調整，慢慢就可以形成自己在教學和教室管理上的風格與特色了。

不過，在第一堂課就先做好教室的管理還是很重要的，尤其在學校裡，大部分都是教室與教室相連，班級教學很容易造成班與班的互相干擾，有時候，還可能引發老師之間的爭執。

第一年教書，在木蘭詩的教學之後，我讓二個班的同學演戲，第二天早上，嚴肅的訓導主任突然走到我的座位旁，我趕緊站起來看著他，他說：「老師！讓學生演戲是很好啦！」我鬆了一口氣，他接著說：「可是呢！要維持秩序，吵到別班上課就不好了，還有啊，演完戲，教室裡滿地都是垃圾！」主任

是認真的，放學後，他巡視過每一間教室了，因為早自修時，我才和值日生費了好大的功夫把教室清理乾淨！

原來，課堂上，不只是課程的教與學，也是彼此尊重、遵守秩序、注重整潔的教學，或許所謂的「管教」，就是先管好學生才能進行有效的教學吧！

曾經有一個老師，因為隔壁班上課實在太吵了，多次衝過去罵人，二個老師因此當場吵了起來。

又有一間位在轉角的教室，前門後門都對著另一個班級，上課時，經常互相干擾，多年來大家都互相忍耐。有一年，卻因為這個班級的同學很活潑很大聲，加上任課的代課老師很仁慈，不擅於管理秩序，竟然有老師要求教務主任：「叫這個班級，搬到別的地方去！」代課的老師也很難過，導師更是辛苦，必須經常巡堂，或站在教室的外面，以維持他們班的上課秩序。

還有一個老師教學很認真，但是，跟同學的互動卻常常發生衝突，同學們上課很浮躁，傳紙條啦，揉考卷丟紙團啦，走動吵鬧啦，用刀割課本啦，有時，同學之間一言不合就打起來，她如果管秩序，同學們就嗆她，更是鬧哄哄的。她經常得叫班長去找導師幫忙，或是去訓導處請組長或主任來處理，甚至，同事還必須協助她處理師生衝突後的後續輔導以及與家長的溝通。以至於大家都很害怕，每一年開學，老師們一拿到課表，就先關心跟誰一起帶班或配課。

同事間也會期待，老師們對於自己的每一堂課都能自行負責，總不能成為別人經常性的負擔。

老師如果無法掌握教室的管理，就算教材準備得再充分，知識再淵博，技能再精妙，都無法順利有效地進行教學，真的

很可惜，這不只是學生的損失，老師也得承受充滿挫折的壓力。

再說，天下父母心，誰願意自己的孩子處在亂糟糟的環境裡而犧牲了學習的權益？家長有權利表達擔憂與氣憤：「我的孩子怎麼辦？老師應該負責啊！」因為那就是老師的專業：「要不然，當老師當假的喔！」現在投訴的管道很多，家長大可以直接找校長、找民意代表、直撥政府機構的服務熱線，還可以找媒體放大事件，最後的訴求可能就是：「管不好！換老師啦！」

如果老師上課不做教室的管理，或許有的同學會覺得很好玩啊，樂得輕鬆，但是，對大部分的同學來說，可能會感到無奈與掙扎，而衷心期盼能夠好好地上課，其實，只要老師的管教是有原則的、公平的、適度的、恩威並用的，同學會觀察、會體會、會感受、會尊敬老師的用心，並願意遵守老師的輔導。

維持正向積極的教室管理有很多的方法，可以用活動、教室走動或影片等，吸引同學們的注意力，但是，當必須直接管理秩序時，最簡單的一種方法就是點人，例如，我數到三：一、二、三……，然後點人；點一個聲音最大聲的人站起來：「太吵啦！請……鼻子最挺的阿凱先站起來。」然後請他繼續點其他吵的人；或者老師可以靜默，等候片刻，還不行，拿起筆來宣告說：「我要登記號碼囉！」如果同學仍然發出嚴重的噪音或干擾，就要嚴正制止。

萬一碰到特殊的同學，或遇到緊急的狀況，應該立刻請班長到訓導處，拜託行政人員來協助，先把同學帶到學務處或輔導室，上完課之後，老師再去處理與輔導。

有關教室管理的細節，將在班級經營的另一本書，作比較實際而詳細的說明。

　　總之，教室的管理是每一個老師必須具備的專業知能，也是學校、家長和學生對老師的基本要求。

　　另外，也要注意教學的麥克風不要開得太大聲，多年來，有時候我吵到別人，有時候別人吵到我，彼此干擾，真的很苦惱。

　　尤其是青春期的孩子精力旺盛，同儕之間又喜歡彼此附和與競爭，情緒很容易就興奮，聲音不自覺就高亢，萬一老師努力想蓋過同學們的聲音，就更吵了，長期下來，對老師的喉嚨也是極大的傷害。

　　教書幾年之後，我決定不要再和同學比誰的聲音大了，開始調節呼吸，練習用腹部的丹田發聲，減少使用麥克風的時間，以走動式的教學，並徵詢坐在最後面同學的回應，隨時調整適當的音量。

　　經驗告訴我，如果上課的情境吵鬧失序，同學將無法專注的學習；如果基本的作業都不交，同學將無法紮實的學習；如果沒有參與和實作，同學將無法深刻的學習。

　　所以，老師一定要建立合宜的教學常規，才能達到教與學的目標！

（二）大補帖抵用券

　　什麼是「大補帖」呢？例如「愛蓮說」，或其他簡短的文言文，是這一次段考要背誦的重點，這一課的作者筆記、題解、注釋和課文，質精而數量不多，大約花十到三十分鐘可以抄寫一遍，這就是幫助同學們強壯筋骨鞏固腦力的大補帖了。

　　那麼，是誰要抄大補帖呢？像是上課沒帶課本或沒帶作業的人

啦，或者是上課時干擾秩序被點起來兩次以上的人啦，他要抄大補帖，第二天要交。

而「大補帖抵用券」則是老師精心設計的一張小卡片，內容如下圖：

大補帖抵用券　　　　字音字形比賽得獎　　　全班各項競賽得獎者

那麼誰可以得到大補帖抵用券呢？老師用在正向的鼓勵，當同學的課業與作文表現優秀或有長足的進步時，或者是參加各項的競賽與活動得獎了，不管是個人或團體，可以得到大補帖抵用券一張到五張，如果是校際的比賽，還可以一次得到五張以上。

有時候，同學們會跟老師討價還價說：「老師！班際的詩歌朗誦比賽很難耶！如果我們班得獎，每一個人都可以發五張的『大補帖抵用券』嗎？」我說：「好！沒問題。」結果，他們真的得到第一名。

老師在抵用券上註明：1.同學的年班號與名字。2.獎勵的項目，例如：⑦－90 是表示同學的第七課小考考九十分，段一作文 6 是表示同學的第一次段考作文得六級分，進步是表示同學的小考或段考有長足的進步，閩演二是表示同學的閩南語演講得第二名等等。3.限本人及直系子孫使用，終身有（笑）傳家之寶，指定向○○國中邱淑琴老師兌換（老師未蓋章或找錯人叫錯名字恕不接受）。4.最後在抵用券的下方，附上老師的簽名或蓋章，並記下日期。

　　有了「大補帖抵用券」，同學可以在萬一需要抄大補帖的時候，拿出一張來抵用，就不用抄了。到了下學期的期末，老師會舉行「大補帖抵用券抽抽樂」的活動，同學們沒有用完的「大補帖抵用券」，可以兌換各種獎品和學用品，還可以玩抽抽樂，只要抽中獎金，老師就加倍的給付金額，也就是說如果同學抽到五塊錢，老師就給十塊錢，最高的紀錄是有一個同學拿到了五百七十塊錢。

　　有的同學，寧可抄大補帖，也要存「大補帖抵用券」，就為了參加抽抽樂拿獎金的活動。

　　活動結束之後，經常有同學希望保留一兩張老師作了記號的「大補帖抵用券」，他們說：「我要留著作記念。」

老師準備獎品和抽抽樂　　同學好奇這次的獎品　　先換獎品再抽抽樂

緊張的開獎時刻　　　　緊張的開獎時刻　　　　耶！抽中獎金了

（三）獎總統的鼓勵

除了「大補帖抵用券」，我也不吝惜「獎總統」的鼓勵，經常透過口語或文字，對同學和家長表達正向具體的肯定與讚美，也經常利用加分、公開表揚、或是提供實質的獎品，例如參考書、郵票、文具、聖誕禮物等獎勵同學，偶爾也請吃巧克力、珍珠奶茶、糖果、餅乾、科學麵等。

此外，一定要有進步獎，給成績比較低落和比較缺乏自信的孩子，或者是平常不太用功，但是有潛力進步的孩子，也有被肯定被鼓勵的機會。

當同學表現優異，接受學校公開的表揚，領完獎狀之後，在班上，我還要再頒一次獎，讓同學接受全班的掌聲與鼓勵。

段考進步獎　　　　　段考優秀獎　　　　　參加競賽優秀獎

二　教材要做精細的教與學

親師座談會上，常有家長問：「老師！我的孩子國文不好，要怎麼學啊？」

也有媽媽焦急地說：「孩子每天都要補習，沒有時間去閱讀，該怎麼辦哪？」

　　還有阿嬤對老師寄予無限的期望：「老師啊！我孫攏不會寫作文，萬事拜託老師啦！」

　　問到國文要怎麼學？就不得不問教學的材料到底是什麼？坦白說，除非有足夠水準的自編教材，否則，在學校裡，最基礎的教材就是國文科的課本與習作，這是經過專家學者們和實際站在第一線教學的老師們，共同審慎編訂的教材，內容涵蓋學生所必須具備的基本知能，所以，老師竭盡本分地把課本教好，而學生認真努力地把課本學好，就是國文科教與學第一要緊的事了！

（一）封面與目錄

　　新學期發新課本的時候，要請同學們先檢查是否有缺漏頁或汙穢破損的地方，如果有，可以即時更換，如果沒有，就請同學們在封面和書頁中寫上自己的年、班、號、姓名等，避免拿錯別人的課本，萬一遺失了，也比較有機會物歸原主。

　　接著請同學們看看封面的圖文，老師問：「請問你看到什麼呢？」

　　有人回答：「很多的花和草，可能是春天。」

　　有人說：「有一棵大樹，樹上開滿奇怪的花！」

　　有人說：「天氣很好，陽光晴朗。」同學們嘰嘰呱呱繼續說著。

　　「你看到封面的圖案，會想到什麼呢？」老師再問。

　　「天氣好要出去玩！」一個同學開心地說。

　　有人附和：「希望上課像騎車出去玩一樣快樂。」

　　有人建議：「希望把女生畫得漂亮一點！」

　　有人笑：「那隻狗快跑不動了！」

　　帥哥阿捷開始搞笑了，他語帶神秘地說：「有一個長頭髮的少女，騎著腳踏車，笑得好燦爛……，」

　　有人問：「然後呢？」

他說：「她越騎越熱，一邊騎腳踏車，一邊脫外套，拿在手上，旁邊還有一隻狗跟著跑，牠在等⋯⋯。」

有人問：「等什麼？」

他眼睛發亮，說：「等那個女生繼續騎，騎得再遠一點，再熱一點，再繼續脫⋯⋯。」

有人爆笑：「很色耶！」

有人指著他說：「老師！他就是那隻色狼狗啦！」

這一屆畢業之後，還有同學記得這一冊課本的封面，還記得這個「狗」的故事。

編織封面的故事，使課本變得親切了，要如何引發同學喜歡國文呢？或許就從喜歡課本開始吧！接著，就介紹這一冊選文的目錄，看一看每一課的標題，有沒有認識的作者？哪幾課是要背誦的課文？請同學作記號，讓同學們對整個學期的教材內容有概要的認識。

（二）教學行事曆

之後，老師在黑板上抄錄第一次段考的行事曆，或把行事曆做成簡報，記明日期與星期、課程進度與教學活動、考試時程與範圍、考卷簽訂、作業繳交與作文⋯⋯等，請同學們抄在課本的目錄頁上，再請家長簽名；或者，把行事曆的簡報，上傳到老師的教學網站上，請同學下載後再請家長簽名，然後夾在國文課本的書套裡。

每一次段考的期間，至少會安排一個特別的教學活動或作業，老師會先清楚的說明，再拿出學長姐的作品讓同學們觀摩。

行事曆的目的有四：第一、每一個班級，總有幾個同學，當他作業缺交或考試欠佳的時候，出於自然就會找藉口，說自己不知道要考試啊！小老師沒有抄聯絡簿啊！老師沒有講啊，這時，如果大家都有行事曆，就很難責怪別人了。第二、有蠻多的家長，透過行事曆，能

協助、提醒並督促孩子，要準時交作業或準備考試。第三、讓孩子操練有計畫的學習，並且自我負責，到了九年級，同學們還能自行擬定複習考的行事曆。第四、具體的行事曆，可以幫助孩子掌握學習的進度，降低不確定性帶來的緊張與壓力。

雖然有行事曆，在考試、收作業、小組報告等課程之前，仍然要請小老師抄聯絡簿，再一次提醒同學，因為忙碌的國中生，擁有很容易「忘記課業」的特質，因此，行事曆與教學輔導記錄要互相對應。

段考之前的兩個星期，還有小考與複習考的進度表。

老師，都沒有小考嗎？

幽谷琴音

有一次，有一個家長怒氣沖沖趕到學校來，他要求老師處罰國文小老師，因為小老師都沒有抄聯絡簿，他也責怪老師，竟然沒有讓學生事先準備就考試或收作業，經過親師生坐下來溝通，原來，孩子經常考不好又經常缺交作業，很怕被家長罵，就推說小老師沒有抄聯絡簿的考試科目，或說老師沒有說要交作業，會談結束之後，家長希望老師能給他教學的行事曆，讓他能幫助孩子適應國中的學習方式。

又曾經有一個媽媽，氣急敗壞地找導師，說：「國文老師都沒有小考嗎？小育（化名）的段考竟然只有二十九分，老師太不負責任了。」經過導師、國文老師、媽媽與小育一起晤談，發現媽媽對獨生的兒子期望很高，小育從星期一到星期日都要補習，小育的數學不錯，但是，他不喜歡也沒有時間去準備要背、要寫、要實作的考試或作業，所以，所有的考卷和行事曆都是他自己簽名的，直到段考後，媽媽收到成績單，嚇死了，小育怕被罵，就說：「老師都沒有小考啊！」

　　會談之後，小育學習誠實面對自己的責任，也會把考卷拿給家長簽名，雖然成績依舊起起伏伏，不過他上課的笑容變多了，作業即使不是那麼理想，漸漸能夠準時交了，也願意參與活動了。有一次默書他考一百分，老師讚美他說：「小育，人長得帥，又聰明，默書一百，真的很棒啦！」他笑得多得意啊！

　　他的段考成績進步了，徘徊在四、五十分，下學期，有一次段考他的國文及格了，連同學都開玩笑，一邊拍著他的肩膀，一邊搖頭，哀怨地對他說：「小育，不簡單，你終於及格了。」

　　小育的媽媽很關心行事曆的進度，也學習多鼓勵小育，儘量不要因為成績而責備孩子。

　　還有一個媽媽更認真了，她說她把行事曆貼在電冰箱上，不管是她要煮飯，或者是同學要開冰箱找東西吃，只要走到廚房就看得到了，難怪！後來這位同學就很少缺交作業了！

（三）書套與資料夾

　　下課前，請同學們記得在一個星期內買一張書套把課本包起來，既可以保護課本，又可以把重要的資料夾進書套之中，就不容易散失了。

（四）銜接的鷹架

　　接著，配合第一課的教材內容，試著用提問法，帶領同學們回顧或分享舊經驗，例如：「你曾經和別人吵架或打架嗎？」引導同學說出原因、經過、和好的過程，以及自己的感受與感想，自然地就與「雅量」這一課做銜接了。

　　然後，說明上課的進度和教學的方式，並且，安排下週習作的訂正與小考的時間。

行事曆與抄錄　　　把行事曆抄在課本上　　說明如何做作業

（五）朗讀的互動

　　每一課，我按著教材的流程上課，透過有步驟的教學，希望有助於同學的理解與記憶。

　　先依分組或分排，請全班輪流分次朗讀題解、作者、課文與解釋。

　　對同學們來說，適切的朗讀，可以透過視覺的文字與圖像，口齒的活動與聲音，耳朵聽覺的注意與接收，增進感官記憶與短期記憶，同時刺激腦部的思考與理解，提升學習的效果。

　　朗讀時，要聽清楚別組念的段落，又要接續自己念的段落，同學必須專注，自然而然就能提振上課的精神，而整齊的朗讀，也能激發全組合作的精神。

　　朗讀中最明顯的學習是，因為要念得正確又要咬字清晰，不會念的字詞聽到別人念的，馬上就學會了，偶爾，因為讀錯字或念錯音，或讀起來製造特別的效果，引起大家的爆笑，又加深了印象；朗讀，還可以學習調節呼吸與斷句，體會文句的優美與文章的含意。

　　對老師來說，當同學們朗讀時，老師可以觀察並了解同學的學習

現況，比如：同學對這一課的作者很陌生，課文中有許多的生難字詞，或者是文言文的文意比較艱深，所以，同學念得很「卡卡」，這時，老師就能及時進行個別或團體的指導，上課時也能加強解說或補充資料。

到了八年級，偶爾，也在課文朗讀之後，請各小組練習討論各段的段意和重點，每一組再派一位同學站起來報告。

我很重視朗讀，因為這是聽與說的基礎學習啊！

分組朗讀與討論重點　　分組報告段落重點　　分組報告段落重點

（六）作家的身影

朗讀完，就能快速導引題解，接著介紹作者，雖然從聯考、基測、到會考，考作者的相關資訊或著作的比重大幅減少了，甚至幾乎沒有了，可是，一定要讓同學們深入認識作者才能理解作品的意涵啊！所以，我一直很認真嘗試從各種角度來介紹作者，包括：「名」與「字、號」的聯想，家庭、愛情與婚姻，求學、工作與仕途，生平、事蹟與趣聞，作品的風格與人生觀等，再搭配護貝過的作者圖片或相關的影片，加深同學們的印象。

過程中，融入兩性平權、生命教育、家庭經營、人際關係等討論的議題，而同學們最喜歡聽老師講述作者的愛情故事和婚姻生活，藉此也可以擴展成兩性交往的議題。

故事，讓作家活了起來，同學們學到的不只是課文，也能思考和評析作者的人生經歷，以及這一篇作品對「我」的意義。

我把每一個作家的相關資料、教材與圖片，用透明的資料袋分裝好，夾進活頁的資料夾裡，既能妥善保護又能方便存取，還可以隨時補充或更新，再按著作家的朝代先後加以分類，整理成四大冊，而外國的作家，則以國別作分類，另成一冊。

為了把作家的故事說得更生動流暢，我先把重點和關鍵的事件，條列式地寫在課本上，說的時候，帶一點戲劇性的聲音、表情和動作，不惜犧牲形象製造笑果，還能激發同學表演的慾望，尤其是男生，經常在表藝課、輔導課或國文課時，模仿我上課的情形，逗得全班哈哈大笑，所以，連別科的老師或別班的同學，都知道國文老師上課的招牌動作或言詞了。

老師的葵花寶典！

幽谷琴音

年輕時，教材不熟，很容易出錯，有時候還會硬「拗」，想起來真的很糗，不過下課後，我會查資料或和同事討論，然後勇敢地跟同學道歉，請同學訂正，也請同學如果發現錯誤可以當場提醒我，尤其一字多音更要仔細。

為了避免教錯，課前的準備就得周延了，我將重點筆記寫在課本上，甚至連要講的笑話都抄好了，所以，我的課本就像葵花寶典一樣珍貴重要，又常常加入新的招式。

我不怕教科書加入新的課程，最怕的是同一課的教材，常常從這一課搬到另一課，還常常跨冊搬家，使得我一次要帶三本以上的課本上課，而我的抽屜更是滿滿的新舊課本，真令人頭痛啊！

後來，這也是我決定用簡報上課的原因之一。

北宋周敦頤 圖片與資料　北宋蘇軾 圖片與資料　民初徐志摩 圖片與資料

提醒同學記作者筆記　現代王溢嘉 圖片與資料　資料與圖片的彙整

（七）筆記的效用

　　介紹完作者與著作，接著整理並補充作者的筆記，請同學抄錄，老師再檢查，檢查時要認識同學，要先具體的讚美再具體的建議：「曉君的字很工整，如果再放大一點就更好了。」或者：「阿耀長得這麼帥，字也要寫得漂亮一點啊！加油！」檢查的重點，在於抄筆記的正確度、工整度，並訓練寫字的速度。

　　另外，請同學針對自己的需要，或回家後參考習作，在課文標題旁的空白處，補充至少五個生難字詞，加上注音就可以了。

　　到了八上，小組報告的同學，在台上要練習整理白話文作者的筆記，八下開始，慢慢邀請自願者或透過抽籤，請同學上台練習抄寫重點，老師給予加分和肯定，以及委婉的建議和補充。

接著，上注釋和課文，進行生難字詞、形音義比較、修辭句型、文意理解、課文賞析的探究，最後，老師再把文體、主旨、文章結構等重點整理出來，並讓同學練習如何整理教材的重點。

抄筆記，真的落伍了嗎？

幽谷琴音

有人問我：「老師！你還在要求同學記筆記嗎？」我肯定地說：「是的！」可能有越來越多的老師反對上課要求同學記筆記了，認為這是傳統的教學法，早就落伍啦！

可是，記筆記，可以幫助同學快速掌握學習的重點，理解一篇文章或一件事情的前因後果，培養閱讀和組織的能力，增進長期記憶的效果，而且還可以應用在各科或各種材料的學習上。

當然，重點筆記的學習，跟機械式反應的「講光抄」不太一樣，關鍵在於引導同學學習「如何抓重點」，並且思考：「我要怎麼學習？」這是一種可以幫助學生自學的方法，也是認知學習的有效策略之一。

正如每一種的教育原理，或每一派的輔導方法，都各有其適用性與有限性，同樣的，每一種的教學法或學習法，也都有它的意義、效用和優缺點，可能適用於某一部分的老師或學生，所以，為了維持班級教學的品質，也為了顧及學生個別的差異，教與學的多元化是必然的發展趨勢。

因此，傳統的教學法不一定就是落伍的或是無用的，而是要增加創新的教學法，甚至是流行的教學法，讓動態與靜態的教學，知識、情意與知能的教學，同學坐在台下或站在台上的教

學，都可以兼容並蓄，老師可以適當地調整使用的比例，並實際評估教學的效果。

我個人認為，在教學的要求或方法上，「是不是有效？」比「是不是落伍了？」更值得考量！

老師整理重點筆記　　同學抄的重點筆記　　同學上台練習整理重點

（八）考卷與訂正

考試也是教學的一部分，除非是特別的或是開放式的查考，可以輕鬆以對，否則其他的考試，絕對必須要好好地維持秩序，以確保考試的公平性，我的做法，首先是安排座位，盡量採取男女生間隔的梅花座，其次是考試時，請同學們把東西包括鉛筆盒等全部都收到抽屜裡，只留下需要用的藍筆或黑筆、立可帶或尺，東西收完了，我才發考卷，如果同學有需要再拿其他的東西時，可以舉手說明，老師會同意的；改考卷時也是如此，只是改成只能拿紅筆出來，連立可帶也要收起來。

考卷，是老師根據題庫加上授課補充的內容自行成卷的。前兩課，可以分次考試，比如：先考注釋、填充，再考選擇，等同學們熟悉題型了，掌握考試命題的方向了，才進行一次考完一課的試卷。

如果有韻文或古文的默書，要先一天默一段，默過全課，等到考

考卷時，再配合時間，斟酌是要默全課，或是默其中的段落。

考卷的訂正要確實，剛教書時，我自己經常挑燈夜戰改小考的考卷，發給同學們時，同學往往只在乎：「我考了幾分？」總是老師口沫橫飛地訂正，孩子卻意興闌珊地隨便寫一寫。

後來同事教我讓同學們互改，第一、省時快速，老師花這麼多時間改，自己很熟練，孩子卻不熟練，有什麼用呢？只是凸顯老師的教學既不完整也沒有效率和效果。

第二、同學透過改考卷，可以知道自己與同學已經熟練的優勢與尚待加強的部分，無形中這也是一種仿效的學習：「為什麼他的選擇能力這麼強？」幾次以後，他可能領會：「喔！因為他作了練習題！」也能促進同學反思：「為什麼這一次我的默書進步了？還考一百分。」得到老師和同學的讚美，他會忍不住得意地說：「因為在早自修時我背了，其實我很聰明啊，只花十五分鐘喔！」

第三、幫助同學再翻一次課本，再想一次題目，再重複一次正確的答案，如此再一次的複習，不但加深印象也加強學習的連結。

第四、教導同學學習負責與誠實，當同學們互改考卷時，要在固定的位置，例如：在左上角，試卷標題的下面一行，老師已經標示的地方，寫上日期和幾號改，以示負責。免得有少數的同學亂改或故意放水，萬一分數有錯，也可以找到原改人做修訂，而分數更動時，不可以用立可帶或立可白塗拭，要用紅筆在錯誤的總分上，畫兩條橫線，旁邊寫上新的分數，還要原改人簽名，避免有同學自己更改分數。

如果有同學經常改錯考卷要扣分，因為，改得正確才能幫助自己與同學正確地訂正，剛開始，有些同學可能不太會改考卷，要仔細地教導他，一項一項地改，一項一項地扣分，總扣分用小字並圈起來，寫在考卷正面的中間，再用大大的字寫總得分，方便小老師登記分數。

　　對於在學習上或改考卷上有困難的同學，可以請其他的同學協助複閱，或幫忙多改一份，老師一定要對多改一份的同學表達感謝：「哇！謝謝翔哥多改一份，辛苦啦！」萬一有同學真的不會改考卷，老師要誠心的接納，請他協助做其他的工作，像收考卷啦，下課到油印室拿考卷啦，使他有機會得到大家的肯定與讚美。

　　改完考卷就還給同學，老師進行解析和說明，之後，在試卷左上角空白的地方，請同學寫上考卷訂正的方式和內容，右上角，則是帶回家後請家長簽名的地方。

　　再請同學把試卷交給各組的小組長和副組長，由他們各改三到四張進行複閱，有任何問題請小組長拿來給老師評閱。

　　其他的同學則把課本拿出來，針對剛才試卷上的題目或重點，在課本上做記號。

　　組長改完，和老師討論有疑問的部分，老師再做全班性的說明。

　　小組長把考卷還給本人，老師親自收考卷，馬上可以知道同學們哪一部分比較精熟？哪一部分需要加強？九十分以上的，除了口頭的讚美，我會在考卷上寫：「棒孩子！」或「超級認真！」八十分以上的，寫：「好！」其他的，則視情況以口頭說或書面寫：「進步了！」或「加油！」下課後，老師迅速校閱，再發給同學們帶回家訂正。

　　第二天收來檢查，考卷如果有家長簽名並完成訂正的，可以加十分，請小老師登記分數後發還給同學，如果考卷訂正仍然有錯，就要退回再訂正，希望同學們有正確的學習。

　　九十分以上的同學，老師頒發「大補帖抵用券」一張，一百分的兩張。

考卷，到底要不要再訂正呢？

幽谷琴音

考卷，到底要不要請同學們再訂正呢？

剛教書時，總希望孩子們能自動自發的讀書，狠不下心來叫同學訂正，但是段考之後，有幾個家長反映，小玉（化名）的媽媽說：「老師！以前○○老師都會訂正考卷，現在沒有訂正，小玉這次退步了好多分，我叫她訂正她都不聽，要老師的要求她才會聽啦！」當年的聯考有手寫的試題，包括生難字、填充、默書等，精熟的練習是必須的，難怪家長很緊張了。

我開始要求按照分數的高低作訂正，有的同學要訂正三到四遍，當然，特別的孩子有不同的安排。

果然同學們的成績進步很多，但是訂正的負擔也太大了，同學會哇哇叫：「老師！晚上我要補習啦！」有時候是求情：「老師，放假耶，讓我們休息一下啦！」

也有家長反映：「老師！我的孩子晚上要補習，補習費很貴ㄋㄟ‥‥，補完習，回家都已經十點多了，還要吃東西、洗澡、睡覺，哪有時間訂正考卷啊？」不但有家長幫忙同學寫訂正，還有家長到學校來責備老師：「為什麼要出這麼多的功課？孩子補完習之後，寫到晚上一點才寫完。」

我聽了家長的訴苦與心疼，很委婉地說明訂正考卷的意義與目的，還要提醒家長，補習是家長和同學課後的自由，不是所有的同學都去補習，而我的教學是要幫助每一個同學，即使沒有去補習也能夠把這一科學好，再說，同學不能因為去補習而不寫學校的功課吧，孩子將來要領的是教育局的畢業證書，不是補習班的畢業證書啊，我建議家長，可不可以和補習班的老師商量，先讓孩子寫完學校的功課再「補習」。

　　隨著年紀越大心就越軟，我逐年調整訂正的量，最後，是選擇題用紅筆畫正確的答案，手寫的部分：填充、配合等，只要寫正確的答案，但是，生字與解釋，則需要連題目帶答案，都寫一遍。

　　還有，為什麼考卷要請家長簽名呢？因為有些家長希望看到考卷，希望了解孩子的程度，並督促孩子的學習，還有孩子因為考不好，就跟家長說：「老師都沒有考試！」引起家長的誤會，所以，考卷要請家長簽名就成為我的慣例了。

　　有老師說：「何必這麼辛苦？還要盯同學訂正呢？現在都考選擇題啦！」也有老師說：「像我們歷史、地理都不用叫同學訂正，只要概念懂了就好啦，而且班級數那麼多，實在沒辦法要求！」

　　「真的不一樣！」我說：「國文的聽、說、讀、寫都是根基！」

　　當老師們改聯絡簿、改作文、改考卷時就能體會，有時甚至是一種挫折，同學們的錯字很多，而且經常一錯再錯，例如：「我禮拜天和同學去逛街」的「禮」露了兩點；「每天要補習」的「補」又只寫了一點；不「准」露三點的，又露了三點變成「准」，我笑他們：「露三點妨害風化喔，會被送到警察局啊！」；連「昨天」的昨都一再寫成目部……，遇到難一點的字，有的同學乾脆寫注音或畫一個□，叫老師自己猜，好像玩填充的遊戲，其實生難字詞只要多寫幾次就能進步很多了。

　　中國的方塊字很難學，筆畫的變化又多，不像英文是拼音法，會念就可以勉強拼出字母來，繁體字必須靠多念幾次、多寫幾遍，使字和音密切連結才能長久記憶，而分析造字的法則也可以幫助同學的理解。

需要練習的次數固然因人而異，但是不足的練習，讓許多同學寫不出正確的字來，連升學考試時，要看懂各科越來越長的題幹都是困難的，更不用說，要組成優美的字詞寫出文辭並茂的好文章了。

考卷到底要不要再訂正呢？訂正的方式或數量，都讓老師很為難，很掙扎，坦白說也很痛苦！

考試時 梅花座 桌面 同學改考卷只拿紅筆 寫幾號改與小組長複評乾淨

（九）解釋小 case

解釋需要背嗎？國中的新生和家長們，經常對於考試要背解釋感到不解和困擾，我利用親師座談會時和家長們溝通：「為什麼要背解釋呢？」其實，課文底下的注釋也是教材的一部分喔，注釋裡有生難字詞的形音義，有解說、闡釋和補充的資料，不只是基礎的學習，也有加深加廣的擴充，選擇重要的解釋進行適當的「背」，可以幫助同學揣摩註解的原則，訓練同學的記憶力和理解力，增進同學在運用這些字詞時的速度、正確度和靈活度，才有助於欣賞與創作，所以，我會要求，也會教導同學們如何來背解釋、課文以及教材的重點。

方法之一，就是把背誦融入遊戲或活動之中，以班級座位兩排兩

排為一組，座位相對的兩個人，互背五個解釋，計時三到五分鐘，背完的人就上台登錄，然後，繼續再背五個解釋。

最早背完的個人和一整排，可以加五分，為了檢驗是否確實背起來了，請小老師進行抽背，萬一有人一直背不起來，可以持續到下課，鼓勵每一個人，只要在放學之前背完，就可以加兩分。

解釋小 case 同學互背　解釋小 case 同學互背　背完解釋上台登錄耶！

（十）分組總複習

段考前，複習的考卷都考完了，如果有時間，會進行分組複習的競賽活動。

把全班分成甲、乙兩組，各組推派一位出題的老師和一位記分員，出題時，必須從全部的考卷中出題，可以考選擇，也可以請同學上台寫解釋、填充或默書等，別組出過的試題就不能再出，如果重複出，該組就要扣一分，藉此讓同學專心參與。

甲組出題的同學，依座位的順序，考乙組的組員，每答對一題由記分員在黑板上加一分，答錯不扣分，但是，如果有人私下報答案或干擾秩序，該組就要扣一分。

甲組考一題之後，換乙組出題考甲組，輪流考，每一個人都有機會答題。

讓同學練習聽考，也練習抓重點，優勝的那一組可以加五分。

段考完，除了獎賞九十分以上的同學，也有進步獎，鼓勵同學的努力。

以堅持的苦，釀一罈回甘的愛！

幽谷琴音

近年來，配合升學考試偏重文意理解的趨勢，有許多老師積極提倡培養學生的閱讀能力，我非常支持；也有老師因此覺得，記筆記、重點整理、寫生字、背解釋、背古文等等，是既無用又落伍的，甚至主張大大刪減文言文的課文，老實說，如果國文可以「不必背、不必寫」，絕對可以減輕老師教和學生學的壓力，可是我不贊成，畢竟這是國文教學的根基，是精進學習的方法，即或可以稍微調降一點比重，卻不應該被荒廢。

因為考試是一時的，這麼多年來，考試的趨勢與題型常常變動，但是，培養學生基礎的語文能力是長久的。

如果根基不穩或讀書的方法不踏實，就算孩子們進入高中或高職了，讀起來也會覺得很辛苦，況且，孩子們還要考大學，所以，同學讀懂文言文的能力與論述寫作的程度，都不應該被忽略。

有一個讀建中的同學回來分享，他說第一次段考完，國文老師走進教室，把考卷用力地「啪」一聲放在講桌上，很不高興地說：「考得很不好！」然後，大聲問：「誰是○○○。」他略帶遲疑地站起來，心裡很緊張，以為考不好老師要罵他，老師看著他說：「全班，你，考最高分！」哇！他嚇了一跳！

他說，因為他像國中一樣記筆記和整理重點，條理分明，不但有助於理解與記憶，面對高中的複選題時，概念很明確又

不容易疏漏；他也很認真背解釋，他說，解釋考選擇題時，各選項的答案常常是似是而非的，如果不熟讀掌握關鍵，也很容意選錯；對於文言文，他說，多讀幾次體會作者的思考脈絡，就比較容易背起來，而練習默書，還能學習寫作的架構與文學的技巧。

許多同學畢業之後，寫卡片或回學校來看老師，是我最大的欣慰。

還有一個孩子，因為家庭與個人的因素，人際關係不好，又常常缺交各項作業，各科老師都說算了，只有我仍然要求她一定要繳交基本的作業，又罵、又罰、又哄、又讚美，又陪她耗時間寫作業，又聯絡家長，又晤談，又給小禮物，豈是一個「累」字可以形容，她終於畢業了，就讀私立的高職，她寫一封信給我，說：「邱老師！謝謝你教我寫字，我的國文考最高分，老師說我的字是全班最工整的，叫我當小老師，我很認真，謝謝你。」

另外，阿皓也很「古錐」，國二我接他們班的國文時，他上課都在睡覺，我觀察幾天之後，我請他不要再睡覺啦，他嗆聲：「你問同學，我上各科都是這樣喔！你不要吵我！」同學們說：「老師，他說的是真的。」有一次，我請他站起來，精神好了再坐下，他怒目相視，對我拍桌子：「×××！」我先退後三步，然後讚美他：「阿皓你的鼻子很挺，眼睛又會放電！」全班同學哈哈大笑，說：「好帥啊！」他撇撇嘴，清醒一點了，緊繃的神經稍微放鬆了，我繼續說：「長得這麼帥，看起來這麼聰明，上課睡覺太可惜了！如果你肯聽一下，你一定會進步的！」我再問他：「昨天，很晚睡嗎？」他回答說：「三點才睡啦！」口氣好多了，他說整夜打電動，我接著說：

「我很欣賞你，你很誠實，夠阿沙力！」

接下來，換我發飆了：「但是，你的態度很差，你們的學長學姐們都知道，我很多事都能包容，我很愛學生，但是我很在意同學的態度，我客客氣氣請你不要睡覺，你竟然還嗆聲，罵三字經，你最好也去打聽一下。」然後要求他：「待會下課，跟我到辦公室，請你一定要來，不然我就送到訓導處。」

我繼續上課，他竟然問同學上到哪裡了？他翻開課本，我立刻讚美他：「你找到課文了，好棒！」走到他旁邊，告訴他在哪裡要寫筆記，他寫下「映襯」，我說：「哇！你的字跟人一樣，好整齊，好帥啊！」

下課，他居然跟我到辦公室晤談，我對他有更多的了解。之後，很多次，我們找過導師，聯絡過家長，送過訓導處，他的行為問題很多，我叫他寫過指導表，記過他小過，也不斷肯定他：「你很聰明，千萬不要放棄！」提醒他：「拜託你！做事說話之前，可不可以先想一想？不要急著發脾氣！罵三字經！」他只要參與活動，或有一點點正向的言行，我都立刻鼓勵他。

國三，有一次考宋詞默書，他竟然默了一百分，我讚美他，他很得意說：「我下課只背十分鐘喔！」我馬上說：「我就知道你很聰明！」

有一次段考的作文，他沒有交白卷，很認真寫了簡短的幾段，竟然得到了五級分，我特別念給全班聽，稱讚他的文辭流暢，寫得很生動。

他畢業以後，就讀私立的高職，寫信給我，我回了一封信。

○○：收到來信真是高興！

畢業幾個月，很想念畢業班的同學們，你的信寫得很好，

文筆通順感情真誠，正如以前老師讚美過你：文章寫得好的孩子一定很聰明！你是一個潛力十足能舉一反三的帥哥。

　　知道你在○○適應良好，並且欣賞教師們認真負責，我相信你一定會掌握課程努力學習的，也會交到互相勉勵的好朋友，我很放心！

　　還跟同學跳街舞嗎？你們跳得動力十足極有默契，我很佩服！

　　那天在路上看到你，比國中時期更成熟穩重，真是「男大十八變」了！當我回到學校，就覺得學弟學妹突然變得可愛多了！因為我越來越確信：國中生很難帶，但是孩子會成長會改變！上帝在孩子身上有最奇妙的作為！老師就是要耐心陪孩子，等孩子長大。

　　你的信給老師很大的支持和鼓勵，謝謝你！祝你
　　生活快樂
　　　　　　　　　　　　　　　　　邱老師筆於921027

　　後來，我帶學生到他們的學校進行職業參觀，他架著大相機衝過來，大喊：「老師好！」我的心裡充滿感恩！

段考複習分組競賽　　　段考複習分組競賽　　　老師回給同學的信

一課完整的結束，再一次搭起鷹架銜接新的課程，進行下一課的教學。

三　翻轉吧！延伸教學！

翻轉吧！教學不是只有老師的「教」，更有學生的「學」，要讓學生有機會成為最佳的男女主角；又要把教材裝飾打扮一番，點綴一些趣味，讓學生心頭的小鹿亂撞；還要拓展境界延伸教學，當學生「腹中貯書一萬卷」，便像李頎（送陳章甫，七言古詩）的詩句「不肯低頭在草莽」，自然能帶動學生自學的意願，並點燃學生追求卓越的爆發力。

（一）小組報告，上台我最大！

我如何運用小組的報告呢？

根據每一課的課程，擴展生字，字形、字音、字義的辨別，作者，習作和課本的作業練習與訂正，成為同學上台報告的六個項目。

依照第一堂課的分組，組長分配每一位同學負責一個項目，並督促組員及早準備，報告的前一天，還要請小老師再寫一次聯絡簿提醒。

老師上這一課之前，先進行小組報告的前四項，同學們通常把生字、形、音、義的辨別寫在壁報紙上，和作者的資料與圖片，一起貼在黑板上，再依序上台報告、說明或訂正，站在台上時他最大，如果有同學故意找碴或者是不認真，他可以點同學站起來，還可以叫同學寫作業，這是上台報告的人最威風的時候了，多年以來，同學之間多半是開開玩笑，並沒有真的執行處罰或寫作業。

其他的同學可以針對報告的內容提出問題或是找出錯誤的地方，請台上的同學回答，如果答不出來，就學習說：「你的問題很好，我

回去查資料，明天再回答你。」第二天，老師會請他再做說明。

老師會按照上台報告的同學，所呈現的儀態、語音、資料內容等項目進行講評，先說優點，再提出可以進步的方向，並當場加分，請小老師登記。

老師接著上課與補充，並且回應同學的提問與討論。

等老師教完一整課了，請同學們回家先準備課本的應用練習和習作（請參考評量多元化的說明），第二天，在課堂上寫完課本和習作之後，由還沒上台的兩位同學負責訂正，這一組的小組報告就大功告成了。

各組輪流報告之後，要重複回到第一組，不過，每一個人負責的項目也要依序做輪流，大約一學年，可以讓同學們都有機會從實作中學習到這六個項目，每一學期，老師會從個人上台報告的成績中，挑出最好的一次，作為該學期的報告分數。

對於學習比較慢的同學，組員要互相幫助，成績是個人的，各組之間也不做成績的比較，這樣就比較不會出現排斥或責怪的情形。

剛開始，同學上台都很害羞，資料比較不完整，也容易寫錯字，老師一定要鼓勵：「字寫得很清楚，很棒！」也要教導：「聲音再大一點，就更棒囉！」

有人會說：「我不會做！」老師會告訴他從哪裡可以找到資料，又拿出已經完成的報告資料給他參考，也可以請小組長教他。

如果，有同學藉故沒有準備，就要登錄一次聯絡簿，並請他明天補交和補報告。

必須要反反覆覆地把各班、各組的優缺點做說明，輪過幾次之後，同學們上台就更從容大方了，報告的資料就更充實了，咬字和音量也明顯的進步，缺交的情形大幅改善，而成為教學主角的同學，上課時，特別緊張，也特別興奮！

上台進行小組報告　　上台報告與老師訂正　　上台報告的小組合照

同學上台報告時，老師從旁拍個人照，報告完，再拍一張小組的團體照，第一年，我會把照片發給同學，請每一組用一張八開的書面紙，把照片貼上去，每一個人寫上自己的心得或感想，以及全組的經驗分享，完成一份小組報告的彙整，再由組長上台分享，大家互相觀摩。

老師會給每一個同學一個個人的分數；而針對全組設計的創意和團隊的精神，會再給每一小組一個團體的分數。

給分要從寬，評語要從善，讓同學們上台報告的經驗，雖然辛苦，卻成為美好的回憶。

小組報告彙整　　小組報告彙整　　　　上台分享報告彙整

八上開始，針對課本最後一課「選讀」的教材，老師請輪到負責的小組，除了報告原本的六大項目，還要進行試教的活動，請組長事

前先作協調，誰上作者題解、誰上注釋課文、誰負責問題與討論和習作的訂正，然後，這一組的同學要當一天的老師上台開講。

老師負責給予正向的鼓勵，提醒細節和補充。

我把登錄的成績做了比較，發現上台當老師的同學，在該單元的考試時，成績明顯的進步了，像小玫平時小考幾乎都在及格的邊緣，這一課她考了七十六分，還有同學大聲問：「老師！什麼時候才輪到我們這一組啊？」

後來，也有同學仿效老師練習用簡報上課，真的令人驚喜啊！

上台當老師　整理重點　老師　我有問題　問題太難了 我不會

（二）翻轉激盪，國文正青春！

國文教材的選文廣泛而多元，透過教學的構思，可以用不同的方式與創意呈現出來，我看過同事表演魔術，聽過有老師上韭菜盒子那一課，就讓同學體驗包韭菜盒子的樂趣，也有老師帶同學去拜訪現代的作家，進行面對面的認識與對話⋯⋯。

我也嘗試讓同學們從體驗中學習，比如：上愚公移山、緹縈救父和木蘭詩時，我設計的教學活動是演戲，上課之前，先將每一個班的同學分成兩組，並教導劇本的基本寫作方式，例如：至少要有三幕、要有場景、對白、和動作等。請同學先將課文改編成劇本，劇本是一

次作文的成績；劇本經過老師批閱與修潤，就請同學們開始排練，並提醒兩個星期之後演出，演戲又是一項表演的成績。而且，老師已經調課了，所以二個班要一起上課，輪流上台，互相觀摩。

那一節課，同學們既緊張又期待，掃把、畚斗、報紙、蚊帳各種道具都用上了，台上混亂，台下 High 翻天。笑果帶來效果，那麼長的木蘭詩，當同學們第二次再默書的時候，就有很多人滿分了。

上桂花雨時，就到中庭院找桂樹撿落花；上溪頭的竹子時，就爬學校後面的虎山欣賞竹影搖曳，在階梯上還巧遇一條赤尾青竹絲，其實我非常怕蛇，可是在學生的面前只能故作鎮定；上海倫‧凱勒時，就在教室裡進行盲人體驗的活動等等。

努力，就是想使教學更活潑更生動，透過身歷其境的學習策略，增進同學們的記憶與體悟，進一步提昇學習的層次，讓同學們能活用所學的知識變成自己的能力。

可惜以前沒有留下資料，以下把最近幾年的記錄和大家分享。

1 標點符號

老師收集簡短又有「笑」果，與標點符號有關的故事，作成補充的資料，從中選出兩則，作成字卡和各種符號卡，例如：「七十生兒 非 我 子 也 家 中 產 業 全 部 給 予 女 婿 外 人 不 得 干 涉，，，，。。。！！？？：；＿、…」符號卡要比所需要的張數更多，每一則作成兩套卡，分別裝進兩個資料袋裡。

全班分成兩組，各組選出一個總指揮，兩組背對背，每組各拿一個資料袋，由總指揮發給同學，每一個人只能拿一張卡，或是字卡，或是標點符號卡，大家討論之後，按著文意，用人龍排出來，計時八分鐘。

再請總指揮抽籤，決定由哪一組先公布答案，同學依次念出自己

所拿的字卡或符號卡,同時轉過身來,把卡片顯示出來,完全正確的那一組就是優勝。

然後再換另一則,二則排完之後,請同學回到座位,剩下的例子,則請同學自願舉手上台,能正確念出來的加分,列入小組總分的計算,整個活動大約需要一節課的時間。

總指揮與全組討論　　討論字卡與符號卡　　念出答案再訂正

2 生命長河

上杏林子的生之歌時,請同學們想一想:自己打算活幾歲呢?有人說:「我要活一百歲。」有人說:「太老了,我活六十歲。」每個人撕下一長條狀的紙,代表自己一生的年歲。

請同學們想一想:有什麼事是需要花時間的?有人說:「每一天睡覺要八個小時。」請同學按照比例撕去三分之一,有人說:「每天吃三餐,大概要一個小時。」有人爆料說:「老師!○翔便秘,每天要一個小時。」同學們繼續想出需要花時間的活動,例如:看電視啦、看漫畫啦、補習啦、走路上下學啦、洗頭洗澡啦⋯⋯,一直到想不出來為止。

同學們手上能自由支配的時間,最後只剩下一點點了。

這時,老師問:「你想用這一截短短的時間做什麼呢?」有人說:

「要去旅行。」有人說：「要多陪陪家人。」有人說：「要努力賺錢。」

再引導同學們想一想：生命的意義在哪裡呢？

又利用網路，找到相關勵志的影片，例如：沒有手的尼克，讓同學們試著關懷並體貼別人，尤其能接納並同理其他身心障礙的朋友們，也要學習克服先天或後天的缺陷，珍惜自己的生命。

我的生命有多長　　　睡了多久撕下來　　　還有多少時間

3 視聽教材

除了師生合作，收集與作者、課文等相關的圖片或書籍在課堂上展示之外，同事間，也會彼此提供影音的資料，還有：上到麥可・喬丹、海倫・凱樂、三國演義、赤壁、花木蘭等，就到設備組借影片讓同學們觀賞，如果時間許可，看完影片花十分鐘討論，如果沒有時間，就請同學們把心得寫在聯絡簿上。

另外，我也把上課拍的照片或錄影播放給同學們看，同學總是抱怨：「那不是我啦！我比較美好不好？」又喜歡笑別人的蠢相，更喜歡把老師拍得又矮又肥。

如果有同學不喜歡被拍照，就盡量不要拍到他，除非是需要照片的作業。

到了八上，看到老師拍照，同學不但大方微笑，有的人會說：

「老師！拍完要給我看一下喔。」不滿意還要老師重拍，有些同學超級會擺「pose」，等著老師拍照。

等到各班要編製班刊、班網競賽或畢業紀念冊時，同學們就會來找老師要照片，還會感謝老師幫他們留下珍貴的成長記錄。

麥可‧喬丹精彩灌籃　　海倫‧凱勒的童年　　　我的明星照

4 永字八法

上到漢字的結構、漢字的演變與書法的練習時，同學們不容易理解和記憶。

於是，我影印了各書法名家的字帖，上課時讓同學們欣賞和辨識，下課後就貼在教室的後面，讓同學們可以隨時複習。

後來更利用網路教學，上故宮網站直接介紹，再用簡報教學放大資料或字帖，提高同學們的辨識能力，再搭配書商提供的教學資源，例如：動畫與圖卡，以及老師自己拍的照片，進行更周延完整的教學。

考試也利用簡報考試，清楚而方便。

漢字的演變　　　　名家書法的辨識　　　漢字演變的動畫

　　至於永字八法，除了簡報的展示，也利用情境關聯的學習策略，幫助同學們記起來。

　　當年，我在夜間部四十學分班進修，上到認知學習的課程，教授指定幾個教學的主題，要我們運用學習的策略幫助學生學習，我們這一組分配到的題目就是永字八法，那時，我還迷上電視劇「宰相劉羅鍋」，所以，就結合了所學與所愛，在課堂上表演，得到教授與老師們的肯定。之後運用在教學上，進行的步驟如下：

　　解說永字八法：永字八法就是側、勒、努、趯（ㄊㄧˋ）、策、掠、啄、磔，其中磔念ㄓㄜˊ，又叫捺ㄋㄚˋ，古代有一種刑罰叫磔，磔刑就是砍，磔腳就是砍腳。

　　看戲劇說故事：老師說宰相劉羅鍋的故事，從前，清朝有一個大臣名叫劉墉，因為駝背大家就叫他「劉羅鍋」，羅鍋就是駝背的意思，劉羅鍋走路時，縮頸、歪頭、腳步踉蹌，總是引起朝臣們一陣竊笑，他的夫人說做官要有做官的姿態，所以，就在家中的院子裡訓練他走官步，教他側頭，用一隻手勒脖子拉長頸項，身體挺直努力踢正步。

　　劉羅鍋很認真輔政，常常上奏摺，奏章當中有「策」、有「略」，就是關於治國的各種策略，一天至少三本，人人稱他是「劉三本」，對於施政利弊、君臣得失，他總是不惜犯顏勇於直諫。

　　這一天，他上的奏章中，勸諫乾隆皇帝不要貪愛美色、不要好大

喜功，結果乾隆看了非常生氣，就下令派人敲他的頭，砍他的腳，好慘啊！

　　情境關聯的記憶：所以，永字八法側、勒、努、趯、策、掠、啄、磔，就是「側頭」、「勒脖子」、「努力踢正步」，「上策略」說乾隆皇帝貪愛美色好大喜功，結果他被「啄頭」、「磔腳」了！

　　老師演給你看：老師犧牲色相，把重點表演出來，越誇張、越難看，同學們笑得越開心。

　　同學永記不忘：徵求自願表演的同學，演完可以點別人上台表演，如果沒有自願的就用推派，同學表演時，如果沒有完全把永字八法呈現出來，老師會再示範，然後請他再表演到完整，而其他的同學就跟著複述口訣。

　　有同學上高中之後，回來告訴我，高中的老師也教永字八法，她不但能朗朗背誦，讓全班又驚訝又佩服，還記得「永字八法」的步驟，她就表演給同學們看，班上的同學也跟著演起來，說：「太好了！大家都記起來了！」

老師示範永字八法　　同學表演永字八法　　四人幫表演永字八法

5　情境繪圖

　　就教材中，詩詞曲、與宋元思書等要背誦的韻文，在上完課之後，進行情境繪圖的比賽。

　　同學們按照座位分成兩組，再從每一組中抽籤，各抽出一人，加上老師組成三人評審團，就情境繪圖中，成員默契、繪圖展現、解說精闢、攻防內容和風度秩序等項目，進行評分。

　　各組或自願或推派五人上台，上台後不能說話，只能用眼神和默契，把這一首詩詞曲或課文的文意畫出來，計時約五到八分鐘，畫完後下台。

　　各組的五人中，推派一位代表上台，按著黑板上的圖來解說文意，解說完之後，雙方代表再上台，進行「說己長道人短」的攻防戰，說一項自己這一組的優點，提出一項對方組的缺點，而且只能針對情境繪圖做客觀的評論，不能做人身的攻擊，輪流說，直到有一組辭窮了說不下去為止，結束後，評審團立刻統計，並公佈雙方的得分。

　　然後，再推派不同的五人，進行下一回合的比賽。

　　優勝組每人加五分，另外一組就是風度獎，每人加三分。

二組上台情境繪圖

情境繪圖文意解說

情境繪圖文意解說

說己長 道人短

與宋元思書的奇山異水

天淨沙 秋思的意境

6 補充教材與活動

補充教材既要深也要廣，比如上到論語，除了配合學校的深耕閱讀，挑選閱讀的教材之外，還可以編輯印製作者的補充資料，或播放阿亮的「子曰」等等。

又如成語教學，「成語大考驗」是按座位把同學們分成二組，以主題出題，譬如有「花」的成語，先讓同學們討論並記錄，然後，各組派出二個代表上台寫，黑板的中間，則徵求公正的人士擔任維安的工作，時間約五分鐘，盡量讓同學把會的成語寫完，老師再講解和訂正，同學們跟著計算正確的得分，優勝組每一個人加五分，然後，繼續進行有「風」、有「牛」、有「人」的成語大考驗。

「成語比手畫腳」也是分兩組競賽，各組輪流，以自願或派人上台來表演，不可以重複，讓每一個人都有機會上台，老師抽出事先預備好的題目，請同學比手畫腳，台下的同學猜題時要先舉手，由台上比的同學點先舉手的人回答，猜對了就加那一組的分數，如果表演者無法呈現或沒有人猜對，就先站在旁邊，請同組的同學支援，但是不可以洩漏答案，直到兩組分出勝負。

「成語看圖猜謎」則是以網路成語看圖猜謎為內容，一次二十題，先請同學自行思考作答，約二十分鐘後，同組交換改，個人的分數是每答對一題加五分。

或者分成二組，先小組討論，再以輪流答題為競賽，答對一題加一分，答錯就換組，統計得分之後，優勝組加五分。

又收集並編製猜謎語的補充教材，在元宵節前後，可以給同學們進行猜謎活動。

此外，同學們對老師補充的趣味故事與對聯，也很有興趣。

成語大考驗分組討論　　成語大考驗上台書寫　　成語比手畫腳

四　翻轉吧！詩詞教學！

韻文是中國文學優美的精華，尤其是廣義的詩，可以吟誦可以高歌，最能表達人的情意！我在新詩與古典詩詞曲的教學上，各有重點，也嘗試融合。

（一）新詩自由行──讀誦吟唱展聲情

新詩的形式自由而活潑，鼓勵同學們展現並體會新詩的聲情之美，是我努力的目標之一。

1 正音與聲情

首先進行正音的教學，導正容易混淆或錯誤的咬字和字音，接著，介紹什麼是讀：像說話一樣直接讀出來，誦：朗誦就是大聲讀出來，加強聲音的高低起伏、詞調的平仄長短和節奏的變化，吟：誦加上自然的旋律，吟詠出來，唱：旋律定譜以後可以傳唱。接著，老師示範讀誦吟唱，請同學們觀察老師的口腔與抑揚頓挫帶出聲情的變化，再教導如何腹部發聲，請同學們現場練習。

然後分組，各組選出一個組長負責帶領，請同學們練習獨誦、合誦、輪誦、滾誦、疊誦等朗誦的技巧，再請各組進行新詩內容的分

析，討論朗誦的方式，哪裡要獨誦？哪裡要疊誦？以及分配人員，設計動作與表情等。

訂定時間，分組上台表演，請同學們利用下課的時間繼續討論與練習。

第一次上台朗誦時，前面兩組「NG」出狀況的情形通常比較多，笑場啦！放炮啦！隊伍凌亂啦！要給同學們重來的機會，要給時間再協調再練習，讓每一組都能完整地朗誦，老師主要的工作是負責拍照，偶爾稍作引導。

事後，各班互相觀摩，並分組進行檢討。

新詩朗誦教學

老師示範腹部發聲　　　分組討論詩稿

青草茶幫最嗨

不准逃啦

新詩朗誦 眉 開眼笑

2 詩歌朗誦比賽

當同學們有分組詩歌朗誦的經驗之後，對於校內舉辦的七年級班際詩歌朗誦比賽，就比較容易推動了。

首先，透過班會或國文課選出五人小組，成為領導的團隊，老師提供收集詩稿的方向和資料，請他們先選出詩稿，又利用午休的時間，請各班的領導團隊聚集在特科教室討論，包括詩稿分析、動作設計、服裝道具、隊形變化等，初具規模時，就請各班的領導團隊上台分享進度並示範表演，觀摩之後，互相檢討優缺點，然後回到班上，去帶領同學們練習。

因為上課的時間有趕課的壓力，只能偶爾演練，老師負責鼓勵或協助解決困難，例如：維持秩序、給予建議、加強正音和聲音表情等；而課後的練習，除了自己的導師班，還要跑任教的班級，其實，該班的導師常常承當更多的責任。

老師看重的是學習的過程，同學們才是比賽的主角，至於得獎與否或名次的高低都是其次，比賽完，利用班會課檢討得失。

同學們總是很認真地參與，就算沒有得獎，老師也會請客鼓勵。

你聽見，是誰在詩歌朗誦？

幽谷琴音

民國八十八年，我們班代表學校參加臺北市國中組的團體詩歌朗誦比賽，參賽的隊伍很多，直到下午四點多最後一隊才表演完畢，我們得到臺北市第三名，其實，有十幾所的學校都是名列第三名啦。

同學們與我都大開眼界，原來，有許多所國中早就已經成立詩歌朗誦社了，學校徵選各班優秀的學生參加，從詩稿、動

作到逐句聲情的詮釋，都是專業的老師指導，從七年級選秀、訓練、觀摩、學長傳承，到八年級正式參加比賽。

他們花錢製作的道具精緻多樣，配樂悠揚，加上長時間精雕細琢的練習，練出行雲流水的深情，練出磅礡迴盪的氣勢，國中組的詩歌朗誦，展現出高度的成熟與水準。

像我們這樣，以一個班級三十個人為單位，讓每一個人都上台，以同學自發性的參與，經過短期的訓練，用熱情和傻勁走一段學習的過程，志在參加的學校，很少了！

然而，詩歌朗誦比賽的主角，也從學生們悄悄變成背後操刀的老師們的比賽了，所以「詩碼」和「戲碼」隔兩三年就會重複，甚至各校爭相借用高中組的詩稿，利用錄影帶觀摩，完全「copy」表演。

長期訓練，年年比賽，老師與同學們都極為疲憊，所以，參賽的隊伍逐年遞減了。

相隔十年，九十八年得到一等獎，其實，知道的人都心知肚明：這幾乎是平凡的安慰獎了！因為全臺北市只剩下九所學校來參加比賽。

只有本校是以整個班級的形式出賽，這是我任教國文的班級，在校內比賽時得到第一名，學校指派去參加校外的比賽，道具是他們的導師出錢買材料，同學們自己設計自己做的，我們天天利用趕課後的十分鐘、午休和放學後的時間練習，持續三個禮拜，連二個資源班的孩子都緊張到發抖地上場，這也許是他們最興奮的舞台了。

當時的評審老師提出意見說：「怎麼會有同學站出來念題目呢？等她走回去再朗誦，詩意就中斷了！很可笑！」

對，這是有一點可笑，可是，這是指揮小組同學們的決

定，是同學們自己的實力與努力，是屬於他們的詩歌朗誦，或許不夠流暢，卻是真正的成長之歌。

　　我期許自己，新詩的朗誦──體驗聲情之美的教學，不是為了比賽，不是為了得獎，不是為了在校門口懸掛紅色耀眼的布條，而是在孩子們青春而惑亂的心田裡，揮灑一派深情的陽光，埋下一顆詩意盎然的種子！

詩歌朗誦校內第一頒獎　　第一名檢討與慶功　　課後加強練習

臺北市比賽要上場了　　聽 我們的朗誦　　臺北市一等獎

（二）古典詩詞曲──詩情畫意唱新韻

　　古典詩詞曲的教學活動，主要是「詩情畫意」和「配樂而歌」。

1 詩情我畫意

詩詞曲賦的教學活動，除了進行情境繪圖，還有詞卡的製作，課前，老師買大張的書面紙，裁成長條形的書籤，用打洞機在上方的中間打洞，方便同學們可以穿上繩子。

請同學們先將詩詞曲的內容寫上去，再畫出意境與內容，隔天收作業。

評閱之後，貼在黑板上展示讓同學們欣賞，最後，貼在教室後面的學生園地讓同學們互相觀摩。

詩情我畫意 詞卡　詩情我畫意 詞卡　　詞卡分享與觀摩

2 配樂我高歌

七年級上絕句和律詩時，我利用「蘭花草」、「黃梅調」、「包青天」或「捕魚歌」等簡單的歌曲，教同學們「配樂而歌」。八年級的古體詩比教長，如果要配樂而歌，就必須調整或靈活使用曲調，九年級的詞和曲是長短句，配樂的難度又更高了。

我會先示範，再播放學長學姐們的錄音作品，同學們聽的時候很開心：「好好玩喔！」也會興奮地說：「這是周杰倫的歌耶！」多聽幾

首之後，同學們就可以體會到詞曲如何搭配了，比如，利用重複詩句或拉長字音的方式來配樂。

然後，請同學們回家去吟唱和錄音，同學們就會哇哇叫：「啊！好難喔！」

作業的時間大約有三個星期，有疑問的可以問老師、小老師或小組長。

錄音中，一定要有年、班、號、姓名，韻文的題目、作者，若是詞曲要加上詞牌名或曲牌名。

收齊之後，經過整理，每一節課，放五到十個同學的作品，因為還要上其他的課程，而且，分次播放也等於是再一次的複習。

先徵求有沒有願意第一個播放的？通常同學會指明要先聽誰的，因為在錄音的過程時，他們早已經知道誰錄的最好玩了。

上台播放的人，可以先點下一個人，享有點播權，為了避免都只點自己的好朋友或同性別的人，遊戲的規則是男女交替：「男生只能點女生，女生下一個就點男生。」

只要有完成作業，老師就從寬給分，底分至少是九十分；但是已經教過的課文，念錯音或字，就要一個字扣一分；配樂或彈奏樂器或加其他創意，加十分。

結果，不但有人配上老歌，也有人配上周杰倫等最新流行的歌曲，還有同學自己譜曲，也有彈鋼琴、拉小提琴、吹長笛、打響板的，真令人驚艷！

聽完，同學們總是意猶未盡，老師再發出一個挑戰：「誰敢上台現場演唱啊？加分！」敢獨唱就獨得一百分，找同學合唱就平分一百分，可以給同學一點時間準備，再上台吟唱。

最後，將優秀的作品轉錄成一卷錄音帶播給各班聽，以收觀摩學習的效果。

後來，同學們紛紛利用照相機錄影或用 mp3 錄音，就更方便了。

古詩吟唱 要播放囉　　古詩吟唱 真的要放嗎　　古詩吟唱 現場四人組

古詩吟唱 現場雙生組　　詩歌吟唱錄音帶　　　默詞比賽 詞中高手

（三）賞析與背誦

詩詞曲是用最精煉的文字，以最優美的韻調，抒發最真摯的情感，蘊含深刻的生活哲理，寬宏的生命省思，所以能流傳千古感動人心！

好的作品需要賞析、熟記、背誦，內化的學習才能涵養心性並隨時運用，所以，我非常鼓勵同學們背誦韻文，體會古代「老嫗繡花耐心磨針」的啟示。

比如，第五冊上「詞選」之前，就先節選著名的作品、賞析與語譯，並且，將同詞牌，但是內容或作者卻不同的作品，放在一起做比

較，編製成補充的教材，發給同學們，讓同學們慢慢背，三個星期以後，用三十分鐘到四十分鐘左右，舉行背詞默書大賽。

經過同學互改，老師複閱，選出績優的同學公開表揚，贈送「大補帖抵用券」或加分。

（四）分辨與寫作

除了詩情我畫意，配樂我高歌，賞析與背誦，學詩的最高境界是還要能夠寫出好詩來，享受現代李白「少年寫詩飛上青天」的趣味。

七年級上學期，我們會練習寫新詩，八年級時會出一個題目，比如「春」，請同學們寫六句以上的新詩，和一首四句或八句的古詩，古詩的原則是：每一句五言或七言，偶數句要押韻，盡量避免重複的字和虛字，如果有簡單的對仗再加分。

九上是詞的仿作，請同學們先選定詞牌，按字數和句數填詞，練習押韻，可以轉韻；九下是曲的仿作，如果時間不夠或課程另有安排，就詞或曲擇一進行。

不必太在意寫得好不好，同學們開心就好，其實，把古詩語譯成白話文，稍加潤飾，就是一首新詩了，教學的目的，在使同學們實際練習並分辨新詩和古詩的不同，體會寫詩的辛苦與快樂，如果覺得寫詩不難，好玩又有成就感，「喜歡」寫詩的「歡喜」，就會激勵同學們持續寫詩的動力。

歷年來，不管是校內或校外的文學獎徵文，同學們在新詩類，一直都有很高的投稿意願，也得到很不錯的成績。

新古詩的分辨與寫作　　　作佳賞析　　　　　佳作朗讀

附錄同學的作品，一題二詩，如下：

古體詩一首：春	新詩一首：春
紅桃枝頭芳草綠， 黃鶯頌春來（慶）冬離。 忽覺時遲那時快， 春雨甘露往池滴。（80428） 1、前二句色彩鮮明，視覺、聽覺 　摹寫生動，字意精要。 2、押韻很用心。 3、避免重複用字，末兩句可再斟 　酌，使文意順暢就更棒了。	桃花開了 芳草綠了 黃鶯聲聲慶祝 冬天離開了 春天來了 綿綿的春雨 滴滴答答 落在池裡　　（80428） 1、寫景清晰，句型簡單卻能朗朗 　　上口，有童詩的趣味，令人欣 　　賞。 2、如果再多一點觀察和體會，從 　　更多元的角度品味春天，相信 　　內容可以更豐富，加油。

五 評量要有多元的質與量

我常想：學生讀書要給成績的意義在哪裡？我希望成績的運用，是為了正面的激勵，是為了達成教與學的目的，有時候，成績對一個同學的影響，不只是立即的、表面的、學科的，甚至是長遠的、潛在的、情意的，而不公平的成績，對親、師、生而言，絕對都是一種傷害。

目前，依照教育局的相關辦法，學期成績的計算是：三次段考成績的平均占百分之五十，其他的平時成績占百分之五十。開學初，我就公開說明學期成績計算的比例與方式，讓同學們清楚知道該如何把握自己的成績。

其實，段考的評分很明確，爭議比較少，而平時的成績很彈性，爭議就比較多了，所以要更謹慎，我的作法說明如下。

（一）評量多元化

成績要公平，也一定要考慮到學生個別特質的不同，所以不要怕麻煩，要盡可能透過多元化的評量取得多元化的成績，讓同學們有機會截長補短得到比較客觀的總平均分數，我的平時成績的評量項目，包括下列幾項：

1、筆試的評量：三次段考的期間，各約有十到二十次的小考和默書，每一次段考之後，都要算出總分和平均，這是清楚而公平的分數，是各憑努力和實力拿到的分數，對聰明的和用功的同學而言，這是最直接的肯定與鼓勵，對其他的同學而言，也是努力追求進步的目標。

2、作文的評量：包括段考作文、不同形式的作文、作文分組討論和作文省思的成績，計算出總分與平均。作文要拿高分，除了需要

激發語文的創意與培養應用的能力之外，參與活動與討論也很重要，此外，投稿也可以加分。

3、課本應用練習的評量。

4、習作的評量。

課本的應用練習與習作的評量，各以一百分計算，每次合考約十五分鐘，同學們可以事先跟別人討論，可以在課本中找答案，也可以找參考書籍背答案，但是，不可以把答案寫在課本上或習作上，目的在幫助同學們熟悉重點和擴充學習，一般而言，至少有一半的同學可以拿九十分到一百分，即使是資源班的同學，只要肯稍微準備，習作幾乎都可以考六、七十分以上，應用練習更可以拿到一百分。

這是給有誠意學習，願意複習課本，或找一下答案的同學的優惠。所以到了下學期，同學們對於課本和習作的完成，有長足的進步，因為太容易拿高分了。

期末登錄成績時，分別計算出總分和平均。

5、補充教材的評量：成語與閱讀是全年級共同的補充教材，也是段考需要加考的自學教材，所以這部分也列入評量，讓願意擴充學習的同學有展現的機會，甚至，有幾個平時成績不太理想的同學，因為成語典故的根基不錯，或是閱讀理解的能力頗佳，在這個項目中一鳴驚人，而增加他的自信心，使他對語文的學習更有興趣。

6、小組報告的評量：學期中每一個人每一次的上台報告都會登錄成績，到學期末時，從其中選擇最高分的一次作為小組報告的成績；如果該學期有小組報告的匯整，就還有個人的和小組團體的成績，把這三個分數相加再算出平均，就是小組報告的學期成績了。

7、各項實作的評量：包括：詩詞吟唱、詞卡繪製、結婚喜帖、小組表演等各項實作的評量。

8、檔案的評鑑：課本是檔案評鑑的重要資料，評鑑的項目有：

（1）課本與資料要寫上年班號姓名，要包書套。（2）避免破損、畫圖、書面凌亂。（3）字要工整。（4）各課要寫五個生字，作者和重點的整理。這是對願意保存資料，認真上課，練習寫字，持續整理重點的同學的鼓勵，從學期開始，就以簡報說明具體的評分標準，到了學期末老師預訂評鑑的時間，請同學們先自行檢查或補寫，當天要記得帶課本，請同學們互評，或交由組長與副組長各評三本，老師以簡報逐項帶領評閱，計算分數後還給本人檢查，如果沒有問題，就向小老師登錄成績。

9、其他各項活動與競賽的加分：加在該項主題的評分上，或者是那一次小考的分數上。

因為評量多元化，成績多元化，使得幾乎百分之九十以上的同學，平時成績的總平均，都可以達到及格的六十分以上。

對於特殊的同學，配合特教組的相關辦法需要特殊的加分，我會婉轉地公開說明，一方面顧及孩子的尊嚴，一方面肯定他們不干擾同學，很守規矩，常常幫忙公務，很認真學習，很努力上學等等，所以，老師加了多少分的平時分數，當然也要注意，這些同學加了分數之後，絕對不能影響到其他同學的排名或權益，免得讓人覺得不公平，反而使特教同學受到責難或排擠了。

請問：誰最在乎分數呢？

幽谷琴音

到底誰最在乎分數呢？同學、家長與學校當然很在乎分數，那麼老師呢？

剛畢業進入學校教書時充滿理想，我堅持愛的教育，很努力教學卻缺乏班級經營的經驗與方法。

第一次在教學研討會上，拿到各年級、各班級、各科平均

分數的排名表，我嚇了一跳：「啊！老師也要排名？」我教的女生班成績還不錯，國文的平均分數從前面數來第二名，我擔任導師的男生班卻低於八年級的平均分數，是倒數的，而且其他各科的成績也不理想。

檢討與比較是無法避免的程序。

成績壓力的鐘槌，也重重敲響老師繃緊的神經，對許多的老師而言，班級段考的平均數字與聯考榜單上的數字，也是自己是否受到重視的數字。

所以，每一次段考都很緊張，段考前努力趕進度拚複習，段考時該科一考完，老師們搶著拿考卷，坐下來就拚命改。

第二天發考卷時，就聽到各班傳來此起彼落的竹板聲，不必等到教務處發送成績單，導師們早早就已經把各科的平均分數算好了，在辦公室裡，大家交頭接耳，四處詢問並且比較各班的成績。

「啊！我們班竟然輸三班零點一分！」老師充滿遺憾地吶喊。

也有羨慕的聲音：「○○老師，你的數學又是第一名，太厲害了！」

有人說：「你們班沒有啦啦隊，真好，我們班兩個，就拉下平均四分，真氣人！」

我很驚訝：「原來，老師比同學更在乎分數。」

難怪某某老師講話很大聲，充滿自信，她每天都留學生到六點多，從早自修開始，教室或辦公室裡就傳出鞭打的聲音，她教的班級包辦該年級該科平均成績的第一名和第二名，她的班級各科總平均也是第一名，家長已經指名要她帶三年級的升學班，校長與主任也非常器重她。

　　跟我同一年分發到學校，坐在隔壁，很疼愛我的師保生大姊說：「我想要回去教小學，國中生好難帶，成績壓力又好大，新的老師一旦被定型，就只能像某些老師一直都配放牛班，我又兇不起來，怎麼辦？」第二年，她真的調校，回到小學去任教了。

　　我怎麼辦呢？我開打了，作業缺交打一下，考試不及格按分數打一到三下，「打」實在太有效了，男生班的成績，到了下學期的段考就進步了，女生班還衝到第一名呢。

　　「打」會讓老師上癮，幾乎忘了我是誰？分數的迷思讓人飄飄欲仙，忘了教育的初衷，忘了自己立志當老師的熱誠。

　　為了平衡自己的罪惡感，為了減少打同學的次數，但是又要能兼顧維持「好看」的分數，我的辦法就是，每學期的第一次段考不要打，讓同學呈現最原始的成績，成績不好，這樣就可以用合理化的藉口跟同學說：「你們看，老師不處罰就考得這麼差？這樣，怎麼跟別的班和別的學校競爭呢？怎麼考聯考呢？」

　　接著，在第二次段考之前，從小考就開始要求，就開始打，段考成績出來，分數多半是長足的進步，足夠讓同學感到很有成就感，家長很開心，學校很滿意，老師很得意。

　　第三次段考，就用半哄半威脅，不要打了，因為第三次段考考完之後，接著就放寒暑假，不必被強迫參加各班和各科比較分數的遊戲了。

　　第六年，有一個家長，因為我沒有配合他的特別訴求，他對我極度不滿，剛好他的孩子小考不及格，我打了她一下，家長照相之後，就帶著「壯士」到校長室控告我，並且秘密錄音，多次威脅，那是一次很慘痛的經驗。

　　但是我很感謝他！因為，從此我放下棍子，不打人了！

　　那成績怎麼辦呢？我改用訂購作業簿或講義來加強練習，再依照分數的高低擬訂考卷訂正的次數，最多的要訂正四遍，也有家長反映：「孩子要補習，訂正的功課寫不完！」我硬著心說明和要求，因為班級的成績很漂亮。

　　可是要求完美成績的過程，我很不快樂，同學也很辛苦，坦白講就是：「過度的複習！」

　　我想改變，我一面努力讓自己的教學更豐富更有趣，一面鼓勵同學上台進行小組的報告，再針對每一次段考的範圍，選擇一課或一個單元，設計吸引同學的教學活動，讓同學參與、實作或表演。

　　越來越多畢業的同學回來看我，剛上高中的一群人嘰哩呱拉地說：

　　「老師！我記得國中第一次上台超緊張的，現在我們高中要上台報告，其他的同學很緊張，我跟他們說，我們早就常常上台了，沒什麼好怕的！」

　　有人說：「對啊！我第一次上台，講『狗以』還一直發抖！」

　　也有上大學的同學說：「老師，詩歌吟唱真的很好玩，那時，我們班有一組用國歌改編，有一組用國旗歌改編，也有人唱包青天，你還記得嗎？」

　　我看著他們，真得很高興：「記得啊！我還有錄音檔喔！」

　　原來，孩子記得的，不是我接他們班之後，把成績帶到全年級的第一名，他們記得的是緊張的、出糗的、得意的，是自己曾經參與、曾經上台的學習與經驗。

　　我投入很多的心力，在預備教材、設計教學活動與作文的

教學上。

其實，我能體會，很多的老師都曾經面臨成績的壓力與掙扎，大概有幾個原因：

一、競爭的壓力與習慣：我們從小就在競爭的環境中學習如何競爭，養成不能輸和不服輸的習慣。

當了老師，固定的薪水與職務，人人都一樣，只有成績突出，才能帶給自己成就感與自信心。

二、期望的苦心與職責：學生就像自己的孩子，期望孩子比我更好，老師知道環境的險惡，如果沒有好的學歷，就等於將來要更辛苦才能生活與生存。

為了提升學生的程度，為了學生的升學前途，為了學生將來能夠找個好工作，出於愛之深責之切，逼成績成為老師由衷的苦心和不得已的職責。

三、學校的要求與升學率：社區之間的學校為了順利招生，彼此競爭，壓力很大，尤其是行政人員，必須面對家長用遷戶口表達意見的選擇。

所以每一年的升學考試之後，各校都要高高掛起紅色的榜單，如果家長們看了很滿意很放心，就會成為新學年度招生的保證。

四、家長的重視與口碑：家長對孩子的期望，對老師的肯定，經常透過成績來衡量。

在青少年的階段，老師再細心的輔導與關懷可能都變成是囉嗦與限制，孩子在父母的面前，對老師的抱怨可能多過於感恩，就像孩子在老師的面前抱怨他的父母親一樣，通常要等到畢業了，孩子才會掏心掏肺地感謝老師。

但是眼前的分數，父母親幾乎每一天都看得到，老師是不

是「認真的老師」？是不是「愛我的孩子」？往往用分數來印證。

家長之間的消息也非常靈通，哪一個班級的成績最好？哪一個班級的成績最差？家長都一清二楚，甚至有的家長會直接質問老師：「為什麼我們班的成績比不上二班呢？」

五、課後補習的條件與籌碼：有些老師可能有家庭經濟的需要，或者因為家長的要求，而投身課後的補習。

補習就必須要有招生的實力，當然要用成績來吸引學生和家長，而補習要有效果，更要用成績來證明。

所以，分數常常成為老師的轄制與網羅，如果，老師只要拼分數，方法其實很簡單：

一、考考考：「勤能補拙」一直都是成功的秘訣，多寫講義和參考書，多考幾份考卷熟練各種題型和題目，考到連答案都可以背起來了，怎麼會考不好呢？

曾經有數學老師，在段考考試的前兩天，發了二、三十張的考卷要同學完成；也有導師，連各科的複習卷和講義都要求同學練習。

過度的學習，在小範圍的考試時，往往可以得到非常明顯的效果。

二、逼逼逼：早期的老師們多數用「打」來督促同學，篤信「不打不成器」的古訓，講義沒寫完，打！考不到標準的分數，打！沒訂正，打！這樣的疼痛讓人感到害怕，同學不得不讀啊！

現在千萬不能體罰了，會被告喔！

三、留留留：「一寸光陰一寸金」，把握同學每一寸空白的時間，下課留、中午留、放學留，拉長學習與訂正的時間，剝

奪可以休息玩樂的時間，用老師的白髮陪伴同學的苦悶，一定
會進步的。

四、衝衝衝：「攻心為上」，用鼓勵、激勵、說服、安慰、
勸勉，心戰喊話，提高每一個孩子的鬥志，衝全年級平均的第
一名。

其實，逼成績對師生雙方而言都是極為痛苦的煎熬！

當師生定睛在分數的競爭上，一些跟不上的孩子就很可
憐，很容易遭受師生的排擠與嘲諷，有一個資源班的孩子很委
屈地說：「我知道，我們老師因為我考不好，很氣我！他對成
績好的同學比較好！」

有時候，某一科的老師逼得特別緊，其他的科目就會被犧
牲，全班各科都逼得很緊，就常常造成師生關係的惡化，同學
作弊的情形增加，當然，也有許多家長與學生是心懷感恩的。

面對分數的魔力，老師需要有長遠的眼光才能超越當前數
字的捆綁，需要有成熟穩定的心志才能突破競爭帶來成就感的
迷思。

（二）成績透明化

因為評量多元化，成績的質與量都增加了，所以，需要有評分、
登錄、保管、計算與存查的配套措施，希望能做到成績的透明化。

1 評分標準化

各種評量的記分規則，都需要反覆思考，事先擬定，並斟酌實施
後的回應逐年調整，在學期開始或實作與活動實施之前，就要條列式
地把評分的標準說明清楚。

同學在事前就了解老師評分的標準，可以幫助他想一想：「這份作業的重點是什麼？」配合每一項的步驟：「我要如何做？」如果想要得到高分：「我要呈現的是什麼？」

而且，標準化的評分，不只老師能評分，組長、副組長、甚至自己也可以逐項評分，每一個人都可以練習當老師。

有了明確的評分標準，就能澄清「評分是不是公平？」的疑慮，減少評分的糾紛。

2 登錄分散化

多元化的評量，成績的登錄就相對的辛苦，為了減輕小老師的負擔，為了讓更多的同學參與，也為了分散成績的管理與登錄上的風險，我請小老師登錄三次段考之間的小考成績，第一組的組長登錄作文的成績，第二組的組長登錄課本練習的成績……，有好幾個同學分工負責，學期末時算出總分和平均，收齊之後，由老師進行電腦的登錄與計算。

3 保管分段化

各種小考和默書的成績由小老師登記，登記表請小老師收在資料夾裡，每一次段考之後，在一個星期之內計算出總分和平均，算到小數點後的第一位，再交給老師保管，老師登錄時，則採無條件進入法，登錄整數的平均分數。

為什麼小考的成績要分段保管呢？為什麼不在學期末再一起繳交呢？一方面是避免成績遺失造成困擾，一方面是同學可以即時發現是否有遺漏、錯誤或問題？

另外，作文批改完後，發給同學，進行作文教學，之後，還要再收回來，作文和各項實作的作品都要由老師保管，因為期末教務處還

要進行抽查，千萬不要急著發給同學，到時候就收不回來了。

而小老師、組長與副組長的獎勵，要具體從優。

分數的迷惑！

幽谷琴音

曾經有一個小老師，非常在意成績，在登錄成績時悄悄更動了自己的分數，第一次段考後，小考的平均成績出來了，就有同學發現異狀私下來告訴老師，經過了解與查證，她承認給自己加分了，我同理孩子強烈感受到分數的壓力，輔導她明白誠實的重要，也說明老師一直以來都會這樣把每一項的成績都請同學們核對，所以分數是公開的，我仍然相信她會認真地確實地登錄分數，後來她仍然繼續擔任小老師，而且做得很棒！

也曾經有一個小老師把登記表放在桌墊底下，有一個同學趁放學之後更改自己的成績，小老師發現了，告訴老師。

我先謝謝小老師很謹慎很負責，接著，清查該同學的考卷與成績，發現他有幾次更改成績的情形，晤談之後，他承認了，老師原諒他，請他不要再犯，再請小老師把成績登記表放在國文課本的資料夾裡，一定要妥善保管。

之後，他又在小考時作弊，經過老師、導師和家長一起協助輔導，記過單保留在老師這裡，孩子同意如果再作弊，不但要依校規處分，這次的警告也要一併送到訓導處。

第二年他擔任小老師，完全值得信任，一直到畢業他都沒有再犯，並且以優異的成績考上理想的學校。

4 成績透明化

收齊各項評量的成績登錄表之後,老師盡快輸入電腦並完成計算,隨即列印出來,並註明各項評量的名稱,在期末考之前公布在黑板上。

為了顧及同學的感受,沒有排序,公佈的時間不要太久,請同學看自己的成績就好,有不清楚或錯誤的地方,當場就可以直接逐項逐次核對成績登錄表的底稿,再計算一次,如果真的有錯就立刻更正。

我努力做到評量多元化、成績透明化,希望給孩子更公平、公正、公開的成績,才不虧負師生教與學的職責。

老師!可以教自己的孩子嗎?

幽谷琴音

老師可以教自己的孩子嗎?

連續六年,我擔任自己兩個孩子的國文科科任老師。

老大的個性迷糊,她們班也不遑多讓,七年級上學期是建立常規的關鍵期,經過老師多次說明和教導之後,她們班的作業和考卷缺交的情形仍然很嚴重。

我只好公開宣布說:「從下一次開始,一張考卷如果缺交兩次還不交,就以零分計算。」結果,她的考卷連續兩次都缺交,是班上第一個被算零分的人,同學們很開心,說:「老師!她是你女兒耶!」但是,從此她們班缺交作業的情形就大大地改善了。

剛開始,她的考卷或作業忘了給家長(就是我)簽名,她會在上課之前,衝到辦公室,輕輕地把考卷放在我的桌上,小

聲地說：「媽！拜託！在這裡簽個名。」

我看著她，鄭重地告訴她：「對不起，簽名只能在家裡拿給我簽，其他的同學，他們的媽媽不在學校，沒簽名就要記一條，我在學校幫你簽名，你就不必被記一條，這樣就太不公平了！」一兩次之後，她就不會叫我在學校幫她簽名。

有一次，她忘了帶美術課的用品，同學好意叫她說：「趕快！叫你媽幫你回家去拿！」她冷冷地說：「從小學開始，我媽就從來不會幫我送我忘記帶的東西，她說要自己負責。」她又補充一句說：「她很懶啦！」這是那位同學告訴我的。

我認真教學，每一個學生都是我的孩子，我不藏私。

有一次，二小姐在家裡問我問題，我跟她說：「這個問題很好，你明天到學校再問我，我會公開跟全班解答說明，這樣才公平！」我跟孩子說：「媽媽不會在家裡，額外地教導你。」

因為成績公開，對每一個同學都賞罰公平，讚美多於責備，即使擔任自己孩子的任課老師，也不會造成家長與同學的困擾或評議。

5 存查確實化

各班分類整理好的平時成績登記表與該學期的成績單，我都收在資料夾裡，至少要保留一年；而且，每一次段考過後，各班同學的答案卷和答案卡，也要確實交回到教務處存查，以備家長和同學，甚至是註冊組，在必須要核對成績的時候，可以隨時查詢，避免爭議與糾紛。

為什麼不可以丟考卷呢？

幽谷琴音

　　曾經有一個特別的家長，因為孩子習慣口舌是非，又經常誤傳負面的訊息給爸爸，爸爸為了某些原因，多次就立刻誇張式的要求校長或主任處理，甚至直接到學校找學生處理，引起同學們的反感與不滿，七上第三次段考的考卷發給同學訂正後，因為時間很緊迫，沒有請同學帶回家給家長簽名就收回來了，直接交到教務處存查，接著就放寒假了。

　　一開學，爸爸收到第三次段考的成績單就先聯絡校長，第二天一早他就趕到學校，走進教室，劈頭就指責老師不公平，他說：「你是不是故意找○○○的麻煩？」我帶他走到樓梯旁避免干擾班級的早自修，他又要求：「老師，你把考卷拿出來！」因為：「○○說考卷都有寫，不知道你為什麼給她這麼低分？而且，考完後也沒有發考卷給同學看。」

　　我了解家長的問題之後，說明期末發考卷請同學訂正的過程，家長說：「可是○○說她都寫對了，老師卻沒有給她分數。」

　　我馬上就到教務處翻箱找上學期的考卷，找到了考卷，影印給家長核對，又到辦公室從資料夾裡拿出各項成績的登錄表，請家長仔細地看。

　　家長皺著眉頭，喃喃自語說：「選擇題錯這麼多，解釋和默書都空白，她還說都有寫啊？」然後，對我說：「老師！我說不能打她，可是考不好也要打啊，不然你看，她都考這麼爛。」當初，家長說不能打小孩，看到成績，他又叫我：「要打才可以！」又語帶責備說：「老師也要督促其他各科的成績啊！」

　　其實，這個孩子在資質上與學科的學習上真的不是那麼有把握，可是爸爸強烈地愛與要求，常常逼得孩子不敢面對事實。

　　我只能提醒爸爸說：「○○打掃很認真，上課很守規矩，寫字也很工整，真是一個好孩子！她很需要鼓勵！」

　　家長回去以後，有同事問我發生了什麼事？她說：「幸好！你有把考卷交回去教務處保存啊！」

　　我說：「對啊！以前覺得有些行政上的作法似乎是多此一舉了，就像保存考卷，沒想到這是經驗和智慧的累積，如果當時我發給同學了，或者丟不見了，還真的不知道該怎麼辦呢？」

平時分數佔50%
（1）學期小考總平均x3
（2）課本總平均
（3）習作總平均
（4）作文總平均
（5）課本筆記分數
（6）小組報告最高的一次
（7）其他：實作詩詞吟唱錄音
詩卡小組表演成語閱讀等

課本筆記分數總分100
（1）年班號姓名－5
　　書套－5
（2）破損畫圖書面各－5
（3）字潦草－5到－10
（4）各課　生字－2
　　　　　作者－2
　　　　　重點整理－2

評量多元化　　　　　評分標準化　　　　　成績透明化

按照規準互評檔案　　檢核成績與登錄　　期末公布成績與校正

六　教室的佈置

　　學期初，訓育組公佈教室佈置評分的時間之後，擔任導師的班級，就利用班會課，依國文課的分組，請小組長猜拳或抽籤，選擇要佈置哪一塊的空間。

　　各小組開始分組討論，進行單元的規劃、主題的設想、需要什麼材料？組員如何分工與合作？由組長記錄下來，然後，請各組長輪流上台報告討論的結果。

　　其中一定要有國文天地、放書櫃的圖書角、展示同學作品的學生園地和新知欄等。

　　佈置所需要的耗材，請同學購買後，記得要向商家索取發票，再跟總務股長請款。

　　佈置完成後，老師會請各小組跟佈置的區塊合照，並由班長邀請各科的任課老師協助評分，前三名的組別可以記優點並得獎賞，這是自己班級的評比。

　　如果在訓導處的評比裡是全年級的前五名，導師就獎賞全班，因為這是大家努力的成果。

　　如果是任教的班級，我會事先跟導師商量一定要有國文天地。

　　這一塊小小的國文天地需要耕耘，各小組展示的內容，隨著教學的進度、小組報告的資料、同學的新作品等即時更新。

　　其實，整間的教室都是同學們生活與學習的園地，環境的佈置，就是希望達到潛移默化的教育功能。

　　另外，將在第參單元分享作文的教學，在第肆單元說明教學的回應表，以此呈現完整的教學。

教室佈置小組分工　　　　國文天地小組合照　　　更新小組報告資料

結論

當我開始整理這幾年的資料，從客觀的角度看自己的教學，可以歸納出幾個重點：

一　小組教學，讓「教」與「學」並列主角

如果說老師是「教」的主角，那麼，小組教學就是讓同學成為「學」的主角，強調組員之間要分工合作、互相包容，藉由腦力激盪激發創意；同時也意味著人人都要參與，從準備資料、上台報告、教室佈置到教學演示，甚至臨時分組進行的各項活動，每一項每一個人都有機會秀出自己，都必須在學習上負責任，都可以被鼓勵讚美，或被要求進步。

二　老師以身作則讓同學知道怎麼做

同學分組報告之前，老師先說明示範；同學表演詩歌朗誦、詩詞曲吟唱之前，老師先朗誦吟唱；老師催交作業很堅持，批改作業也很認真；老師檢查筆記很仔細，老師上課的筆記更是一黑板一黑板的

寫；老師鼓勵同學參加比賽或投稿，自己也努力嘗試仿作或創作，與同學們分享作品被刊登的喜悅，並把個人部分的作品放在教師的網頁上。

三　強調「學習方法」的學習

與其填鴨教材，強迫學生不斷考試，不如教學生學習的方法與策略，練習整理重點，學習地毯式搜尋的技巧，透過討論與省思，找到適合自己特質的學習方式，培養可以持續自學的知能與動力。

四　活動安排趣味化，而且可以在教室裡進行

課程中，盡量安排讓學生「動」起來，動腦思考、動腳上台、動手抄筆記、動口報告或發表討論，在教室裡的學習要注意動線不能太大，老師也必須維持秩序。活動中，要觀察同學們是否認真參與，活動後，要檢核同學們是否學到重點或相關的知能。

五　畫一個圓，表示教學活動要周延完整

每一課的教材，從喚起舊經驗銜接新教材，到教與學的實施，到評量、回饋、訂正；或者寫一篇文章，從題目說明、寫完、收作業、批改，到發作文、綜合講評、佳作發表賞析，到張貼、觀摩，到訂正或打字，如果該篇要打字，老師還要再收一次作業，再批改一次，同學還要再訂正一次。每一項教學活動的過程，盡量做到周延完整。

六　立一方矩，表示適當的要求必須堅持

為了維持教與學的秩序與質量，對於學生干擾秩序、考試違反校規、作業缺交等等行為，都要耐心輔導，要確實做到關懷與處理的步驟，而適當的管教與要求必須堅持。

　　總而言之，教學的過程中，有同學趕作業、老師收作業的壓力，也經常看到同學展現令人驚艷的成果；有成績起伏與時間不夠的掙扎，也在校慶探親團校友的問候中感到滿足與開心；我期許自己不斷調整學習，咀嚼樂在教學的千般滋味。

省思

　　一路寫來彷彿乘坐哆啦 A 夢的時光機，跨越時空進行一次個人的教學之旅，又像拿著放大燈檢視旅途的明媚風光，卻照顯出許多的違章和缺失。

　　然而，不論得失美醜，這都是我！

　　「會不會教錯？」是我最擔心的，所以我盡量詳細的備課，可是還是會有出錯或疏漏，尤其是剛教書的時候，或者是新的教材，如果發現教錯了，要趕緊道歉、說明和訂正。

　　年輕時，逼成績逼得緊，訂正的作業也很多，學生的成績很好，師生的關係卻很緊張，家長不時反映，學生補習沒時間寫作業，我也很困擾！現在，我會斟酌作業和考試的份量，並且多讓學生在實際操作中體會國文之美。

　　另外，班級上課秩序的維持也很重要，所謂的「管教」，是先管好秩序才能進行有效的教學，我認真學習班級經營的各種方法。

　　這三年多來，開始用照相機記錄教學的過程，首先發現我的板書鬆散不整齊，針對板書，我再去找老師練習書法，時間超過一年半，確實進步不少。

　　錄影中，我觀察自己上課時，上到精彩激動處，常常下巴抬高、眼神犀利、而且只看遠處和坐在後面的同學，以後上課，就特別提醒自己：頭要低、眼神要放溫和、要關愛到每一個同學。

　　想想自己教學的過程，實在是千瘡百孔，令人汗顏！然而，我知道我對學生的教導發自一顆真誠的愛心，生氣也好，責罰也好，一定經過事前說明、事中了解、事後輔導。我很用心進修，結合教育、輔導與國文的專業養成，不斷調整，更新教材教法，也從不吝惜給學生獎勵。

　　隨著年歲和經驗的增加，我的眼光放遠了，知道孩子一定有一條出路，我不再苛求。我盡心教學，努力安排複習，有的班有的學生成績好值得高興，有的班有的學生成績不好，除了檢討改進，我學會接受接納和包容等候。一旦安心了，就能用欣賞的眼光，感恩的心情，關愛我的孩子，沿途就處處美景。

　　一年又一年，一屆又一屆，轉眼，教國中滿二十年了。

　　夜闌人靜，回想起來百感交集！有教錯的尷尬，有催交作業的辛苦，有面對成績的驕傲與挫敗，有家長的感謝和責備，有學生課本上大大的「煩」字，和學生無數的卡片，從青澀到成熟，有自己的喜悅和淚水！

　　雙十年華我不老，每一年都是新的一年；國文教育正青春，每一屆都是新的一屆。

　　說是陪孩子走一段成長的路，其實，何嘗不是這些孩子陪我走一段成長的路呢？

　　——本文獲得「臺北市第八屆教育專業創新與行動研究：經驗分享類——雙十年華　國文正青春」特優（2007 年）、曾發表於「臺北市九十六年度國民中學提升學生國語文能力成果發表會」、收入二〇一四年《親子天下》「翻轉教育創意教師」，今增補改寫後，收入本書。

國文 e 花園

　　為什麼放下一本備課用書，換一台筆電上國文課呢？主要有幾個原因。

　　一、教學回應的省思：民國九十七年六月，帶著應屆畢業的同學回顧三年的國文課，再請同學們填寫教師教學的回應表，透過整理、統計與分析討論，幫助我省思自己的教學，並且嘗試教學的電子化。

　　二、行動研究的記錄：多年前因為參加行動研究的研習，我開始使用照相機和電腦來記錄教與學的過程，不但簡單方便，可以隨時播放，又不必麻煩別人架設器材。

　　三、茫茫筆灰開新路：過去，頻頻寫黑板引發我的膀臂痠痛，還得麻煩值日生擦黑板，粉筆灰飛茫茫一片，經常造成空氣汙染；而且，我把與課程相關的圖片貼在黑板上也很佔空間；每次上課，提著大包小包的教學袋，奔波各班的教室，可以說是勞「師」傷財又不方便哪！

　　有一次，為了看影片，我打開佈滿灰塵又地板污黑的國文科特科教室，光是投影機的操作就讓我滿頭大汗，不過同學很開心，我問自己：「為什麼不多多利用特科教室的器材與設備呢？」

　　四、科技新跩一陽指：也有人驚訝地說：「你的電腦怎麼這麼厲害？」誒！電腦功能何止上千，我最擅長「一陽指」功，用一隻食指打字，常常被同學取笑！

　　我是邊用邊學，在學校裡還可以隨時請教同事和同學；在家裡就慘了，有一次按錯鍵，打了五個小時的資料，印出來時黑字變成白紙；而精心拍攝的照片，因為傳輸不當，曾經的美麗只剩下欲哭無淚的錯誤。

　　我決定換一台電腦，從基本的打字、儲存、命名、燒錄、備份，到簡報、上網……，持續努力的摸索與練習，至今七年，我已經是科技新「跪」，跪倒在電腦的石榴裙下了！

　　為了活化教與學的過程，提升上課的趣味與效果，我一頭栽進國文 e 花園，展開教學電子化的奇妙旅程。

一　e園浩瀚──荷鋤

　　正如陶淵明〈歸園田居〉的詩句：「晨興理荒穢，帶月荷鋤歸。」荷鋤深耕才發現 e 園浩瀚，不禁高喊：「哇！工作做不完啊！」以下是實際進行教學電子化的經驗與分享。

（一）e園一隅晨中迎光──課前的準備

　　為了用電腦進行教學，起初，我利用下課的時間在各班的教室安裝器材上課，一邊挪動課桌椅，再搬動講桌來放置投影機和筆電，一邊拉開延長線穿越教室，一邊還要提醒同學們注意安全不要被絆倒了，十分鐘的時間很短，每次開機、關機還得擔心當機，緊張的壓力經常讓我汗流浹背，最後，經過校長、主任、同事們的協助，才能固定在國文科的特科教室上課。

　　1 「工欲善其事，必先利其器。」：我每天約七點半到特科教室，首先是打開門窗讓它通風，接著開啟照明、電腦和投影機，如果

有需要，必須先檢查網路是否暢通？而擔任導師時，就得更早一點到學校，或是利用早自修下課的時間趕緊處理。

2 黑板功成身未退：雖然黑板的重要性不再那麼耀眼，但是仍然很好用。

黑板的右邊，寫明日期、星期、問候、換座位等例行的事項，和今天課程的進度、作業、考試等教學的活動，免得每一個同學一踏進教室，都要問：「老師！今天要做什麼？」

而出缺席與缺交作業的記錄寫在左邊，中間是螢幕，因應需求可以升降使用。

3 數點梅花老師心：接著，要面對特科教室的長桌「該怎麼坐？」的問題，我的安排是，按照小組，採男女生梅花座，固定位置，編製座位表，這樣，既能避免同學忘記，又能方便老師掌握出缺席，並維持上課的秩序。

然而，為了顧及公平，考量同學的視力保健，每一個星期，兩人一對依次往後輪，調動的對次則寫在黑板上。

4 窗明地淨不留蟲：經過一個學期，教室終於打掃乾淨了，為了避免孳生蚊蟲，請同學們不要帶飲料和食物來上課，萬一帶來，可以先在走廊吃完，或者放在教室的前窗台上，下課再拿回去。當然，每天放學之前，我都要確實檢查門戶關閉電源才能離開。

在教室架電腦上課　　　　黑板的運用　　　　備課與窗明几淨

（二）e 園草船霧裡借箭 —— 教材的製作

在國文 e 花園裡，最辛苦的工作是課務與教材的簡報，從設計、編製到整理，需要花很多的時間與心力。

1 課務的說明

所有課務與教學的活動，例如：老師的自我介紹、國文課的上課須知、成績結算與期末檢查課本須知、考試與訂正考卷的須知、段考的範圍表、教學的行事曆、各項作業與活動的說明與觀摩等等，我都嘗試以簡報加上照片或影片來呈現。

第十二週

日期	星期	內容	第二節	第八節
11／17	一	語二課習	704作文書、彩色筆	
11／18	二	默7-1	705作文	703閱+詩
11／19	三	考語二	703作文	
11／20	四	語二繕訂		705閱+詩
11／21	五			704閱+詩
11／22	23			

國文課上課須知　　　如何抄筆記　　　教學的行事曆

2 課程的教學

國中階段是基礎的教育，老師必須精熟教材，再真切清楚地教給學生是最重要的。

（1）簡報，不簡單！

教學的簡報，主要是利用書商提供的電子檔、備課用書和教師手冊進行改編的，包括刪除、補充或調整，原則是：①書商的電子檔，

字號約二十八到三十二號字，太小了，不適合進行班級的教學，我把字放大到六十號字，生難字詞放大到九十號字，標楷體的字型最清楚。②書商的電子檔是橫書，後來我配合課本採用直書，方便同學們抄筆記。③重點用紅字或藍字標示，或用螢光筆，要顧及有「色盲」困擾的孩子，避免用綠色的字。平均一課的教材，需要花十五到二十個小時來編製。

（2）李白，英俊瀟灑賽力宏！

簡報可以放置與課文或作者相關的圖片、照片、影片等，配合作者的生平故事，加深同學們的印象，如果看過畫家筆下李白飄逸的身姿、陶淵明瀟灑的身影，那麼偶像明星王力宏或 F4 都只能靠邊站啦！

楷書六十號字顏色清楚　　　作家與圖片　　　　作家圖片或影片

（3）步驟，動態教學烙記憶！

還可以經由動畫的設計，製作動態教學的簡報，比如：永字八法的筆劃順序與說明、詞的分類、句型的結構、大明湖遊蹤、門聯的上下聯與仄起平收等等，透過清楚的步驟呈現，幫助同學們掌握次序與重點，進而強化理解與記憶。

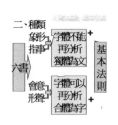

動態教學　六書　　　　　動態教學　詞的分類　　　　動態教學　大明湖遊記

（4）動畫，掌握文意最吸睛！

同學們最愛看動畫了，包括：孔子說、孟子說、世說新語、每一課文意的動畫、作家的動畫等等。可以幫助同學們快速地掌握文意，又可以提振上課的精神！

（5）電影，一齣精彩百媚生！

隨時配合課文或教材進行影片的欣賞，比如：赤壁、空城計、孔子、花木蘭等等，看完以後，進行討論或心得的寫作，增進同學們對人物、故事、場景的鮮明印象！

（6）孔子，不在杏壇上網壇！

除了作者的圖片與影片，現在還可以透過網際網路輕鬆連結作者的故鄉、足跡、資料、現況、新聞搜尋、名勝古蹟、作家的網頁或部落格等，孔子，不在杏壇，早就上網壇啦！

（7）網路，古今中外全搜尋！

利用網際網路彷彿八爪章魚無遠弗屆，例如：教漢字結構時，連結故宮的網站，甲骨文、鐘鼎文、各家字帖，一一展現；或者是教豐子愷的山中避雨、吳均的與宋元思書時，只要一搜尋，西湖與富春江

的美景就立刻呈現在眼前了。

（8）YouTube，視聽教學 e 網打盡！

YouTube 最大肚，容下無奇不有，充分利用，教學好方便，例如：上詞選時，每次上課前播放鄧麗君唱的虞美人，同學們哼著哼著就背起來了；上到徐志摩，放幾段人間四月天，從張幼儀、林徽音、到陸小曼，從愛的糾葛、詩的情懷、到康河的撐篙，同學們的印象就更深刻了；提到暴君焚城錄，播一段影片；上愛蓮說，看一片荷花；上生之歌，看一段沒有手的尼克，幫助同學們情境的連結。

動畫最吸睛　　　　電影最精彩　　　　YouTube 最方便

（9）設備組，您方便的好鄰居！

電子教學所需要購置或維修的電子器材，相關影音的資源，找設備組就對了，他是最方便的好鄰居。

（10）簡報遙控器，行動自如任我行！

起初，用筆電的鍵盤或滑鼠操控螢幕，我感覺好像是被無形的繩索綑綁，非常不自由，後來買了簡報遙控器，行動自如，就任我而行了！

（11）愛國夫人教學盒，裝得好！

我把所有光碟的資料，按年級、按性質分類整理好，裝在愛國夫人教學盒裡，又用外接硬碟把電腦資料隨時備份。

（12）競爭，讓國文更有趣！

教科書的開放與競爭，讓書商重視第一線教師教學的需要，連簡報的橫書、直書、字體、字號都作了調整，並持續補充作者的資料，改善動畫的精緻度，甚至連超連結都考慮到了，讓國文課的教與學都更有趣了。

3 考卷與訂正

考卷是根據題庫與補充，老師自行成卷的。

三份麻煩換一份省力：每一課，我都編製了考卷、答案卷和解析卷共三份的電子檔，約需三到五小時以上，考卷列印出來，拿到油印室印製。訂正考卷的答案卷和解析卷，英文字 ABCD 的選項，用新細明體六十六號字，五題一行，搭配螢幕的寬度剛剛好，所有的國字、改錯、填充、解釋、解析與說明等，都用標楷體七十號字，如果是筆劃多的繁體字，可以放大到九十號字，字的顏色以藍色或黑色為主，需要特別注意的用紅色標示，這樣，即使是坐在最後一排的同學，也能看得很清楚。

雖然，事前的編製很麻煩，但是，考完試後，先用答案卷訂正答案，訂正完，再用解析卷講解難題，不但省時、省力、詳明，老師還可以走動巡視。

訂正考卷　　　　訂正考卷 選擇題　　　訂正考卷 改錯題

（三）e 園杏壇魅力無限——就要你好看

在國文 e 花園裡，杏壇不是只有朗朗的書聲，更有熱鬧嫵媚的聲光秀，善用照相或錄影，馬上傳輸，馬上觀看，就是要「好看、好聽、好好學！」

大部分的教學活動與教學的程序，都可以透過簡報呈現，簡介活動的項目、說明、流程、評分的規準、學長姐的作品與觀摩等，讓同學們具體知道要如何進行活動？要如何做作業？

當作業收齊，經過評閱，或者是教學活動結束之後，老師會整理出精華的作品，再讓各班互相觀摩，教學的分享如下：

1 現教現學現精彩

詩詞曲的吟唱可以分組進行，例如：木蘭詩和翁森的四時讀書樂，先示範並教導「配樂而歌」，請各小組自行選曲練習，要把詩背起來，不能帶課本上台，訂十天後表演。

上課時，再給十分鐘，讓各組討論曲調與動作，老師不介入討論，只維持秩序並錄影。

先抽出一組，該組的組長可以點下一組，我把各組表演的次序寫在黑板上，然後，請各組依序上台表演，表演中狀況連連，有人忘詞、有人轉錯方向、一首包青天各唱各的調，台上台下笑聲不斷，同

學們的創意也令人驚艷，古詩可以唱成進行曲，讀書樂竟能舞出千手觀音。

表演結束後，我立刻把現場的錄影透過電腦播放，笑聲更大了，同學們愛看自己上台的模樣，也愛看別人的「蠢」樣，有人說：「老師！我們可以看別班的嗎？」同學們想知道：「別班唱得如何？」

我趕緊整理照片，每一個班，選出二組精彩的影片，讓班際之間互相觀摩，同學們彼此就更熱絡了。

透過錄影，發現各班各組都唱第一首「春」，知道大部分的同學已經背熟了！所以，我在小考的默書時，連續二次默第二首「夏」，同學們抗議，大叫說：「老師！你為什麼不考『春』啦！」還有人問：「老師！你怎麼知道我沒有背『夏』呢？」這樣「夏」也背起來了。

木蘭詩分段分組吟唱

討論與練習

四時讀書樂分組吟唱

討論與練習

上台表演

各班互相觀摩

2 詩詞吟唱點播秀

　　詩詞曲吟唱的教學活動，也可以是個人個別的吟唱。

　　在該單元教學之前，先利用簡報進行教學活動的說明。

　（1）觀摩：展示播放學長姐的作品，包括錄音檔、錄影檔、照片
　　　　　等，並提醒重點和要注意的部分。

　（2）評分的規準：共有兩個分數。

　　　　①電子檔：準時交作業加九十分，檔名「80501 姓名　木蘭詩吟
唱」，正確加十分，部分正確加五分，滿分是一百分。

　　　　②點播秀：只要有錄音，不管是用念的或用吟唱的，敢站在台上
播放自己的作品，就加八十分；錄音開始，要先說年、班、號、姓
名，詩詞曲的題目和作者，加十分；吟唱，加十分；配樂或創意，加
十分；有自己的巨星影像，加十分，總分最高一百二十分。

　　但是，寫錯字或讀錯字音，一個字扣一分；作業未交，記聯絡簿
一條，第二次仍未交，記第二條，之後不再收作業，請同學現場念出
詩詞，加五十分，吟唱加六十分。

　　然後，擬訂二個星期後收作業，提醒同學們用錄音機錄音，或用
照相機錄影，請小老師寫聯絡簿，接著進行課程的教學。

　　收作業之前，要再提醒交作業的日期，並了解同學們的進度，協
調小組長幫助對於作業感到有困難的組員，或者協調家裡沒有電腦或
照相機的同學可以跟同學合作。

　　作業收齊之後，老師先按班級、座號進行整理，並登錄電子檔的
成績。

　　再利用第八節課，進行詩詞吟唱點播秀，先抽出一人播放他的作
品，他可以點下一位，如果一節課播不完，可以分次，直到全班的作
品都播完。

　　有好多的同學，不但錄影，還能配樂，也有人自己彈琴、吹長笛、打響板、彈吉他來伴奏，又演又唱，又模仿江南大叔跳舞，有的同學在家裡、在操場、在教室裡互相錄影，還不忘替同學製造各種「音效」，甚至拿掃把、搶鏡頭、跑龍套、軋一「腳」，賣力的搞笑演出。

　　播放時，老師除了錄影，也幫每一個主角照相，再匯整各班的優秀作品，進行觀摩。

　　老師示範詩詞吟唱　　　　個人點播秀　　　　觀摩學姊作品

　　點播的巨星丰采　　　同學錄製吟唱影片　　　點播秀現場花絮

3 詩詞曲卡製作

　　詩詞曲的教學，除了補充名家的作品，進行背誦默寫大賽之外，還有多種的活動可以互相搭配靈活運用，例如：情境繪圖，詩歌吟

唱，或欣賞歌手的吟唱，就像鄧麗君的「淡淡幽情」，以下說明詩詞曲卡的製作。

教學前的簡報如下：

（1）作品觀摩。

（2）說明：①時間：預訂製作的日期與第幾節課。②用具：色筆至少要五枝、課本或相關的文稿，當天如果未帶，可以跟同學借，否則要寫作業，卡紙由老師提供。③評分的規準：寫出內容，字體整齊，加六十分；多字、少字、錯字、顛倒字，一個字扣一分；畫出詩的內容，加三十到四十分；創意，加十分，總分最高一百一十分。

當天，先檢查用具，發下卡紙，說明並回答同學們的問題之後，一面播放學長姐的作品，一面請同學們現場進行繪製，下課前收已經完成的作品，如果還未完成、還要再修潤或還要重作的同學，可以第二天交。

老師整理作品，評閱完成之後，一張一張掃描，下課時透過電腦播放，讓同學們觀摩，上課時，請同學們按照小組的座位坐好，老師先發作品，並進行綜合的說明、賞析與講評，然後選出一張作品，請各小組討論，再推派一人進行賞析與講評，優點至少要比缺點或建議多二項以上，這是小組的加分，再選出一到二張的作品，請同學主動舉手，進行賞析與講評，這是個人的加分。

老師再觀察，找出默書與小考進步最多的同學，給予鼓勵與表揚。

其中，有一個同學，詞卡畫中華民國萬歲，中國少女剋星，分明是搞笑版，他吩咐我一定要播給各班看，大家看了哈哈大笑，他很開心，平常默書他幾乎都是考零分，偶爾有分數也是不及格，但是，這一次他考了一百分，還很得意的跟同學們展示分數；又有一個特殊的同學，把詩中所提到的人物、景物和文意都描繪出來了，得到肯定的

他，那一節課完全沒有干擾上課，很認真地參與賞析與講評，後來，他還把詩卡帶去給他的醫師欣賞。

　　透過這些不同的教學活動，希望激發同學們對於學習詩詞曲的興趣，增進同學們對於作者、作品風格的認識，能欣賞中國韻文的優美並體會文學奇妙深遠的意境，而最直接最具體的成果是，同學們的默書與小考，連平常不太讀書的同學，成績都進步了。

　　詩卡觀摩與繪製　　　　　詩卡作品　　　　　　詩卡作品

　　詩卡賞析與講評　　　　　詞卡觀摩　　　　　　詞卡繪製

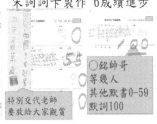

詞卡觀摩與賞析　　　發詞卡與講評　　　默書成績進步了

4 小組報告，上台我最大！

　　小組報告的活動仍然持續實施與調整，這幾年，同學們幾乎都用簡報進行教學，九年級的小組報告，只針對白話文，一個學期每一組只會輪到一次的報告，雖然報告的次數減少了，但是難度提高了。

　　（1）命題與考試：全組的成員，除了報告與上課之外，還要合作命題出一份考卷，考卷要有基本的標題，學生的年、班、號、姓名，題型要有選擇、生字、填充、解釋等，題數共十題，要設定配分，總分是一百分。初稿要先給老師看一下，如果沒問題就可以印製，提醒小組長要妥善地保管。

　　上課時，由組員或小組長負責發考卷、監考、訂正、解析、收卷、檢查，之後，交給小老師登記分數，還要請同學們帶回家簽訂，第二天，完成簽訂的同學，小組長同樣給他加十分。至此，小組報告的教學就更完整了。

　　至於報告的小組，這一份的小考成績該怎麼算呢？小組長算一百分，其他的組員考幾分就是幾分，第一次，有同學問說：「老師！這樣不公平啊！他們自己出題，都知道答案了，當然都可以考一百分啊！」我說：「沒錯，這是一個好問題，不過不必擔心，因為，這學

期每一組都會有一次要負責上台報告和出題考試，輪到你的時候，你也可以考一百分，這樣就公平啦！」果然，同學們都很期待出題，而且很認真出題。

（2）優缺點轟炸：之後，進行分組討論，根據這一組的報告與考卷，討論其優缺點，或提出個人的建議與省思。

討論約五分鐘，各組指派一個人記錄討論的內容，不同的討論題目要輪流由不同的人報告，這是鼓勵也是要求，讓每一個人都有機會站起來發表看法。

先舉手代表該小組發言的同學，可以點下一個報告的組別。

而且事先規定，必須先說優點才能說缺點，優點必須多於缺點，不可以做人身的攻擊。

最後，老師略做整理與補充，再進行老師的試卷評量。

等到考完老師的考卷，成績登錄之後，我作了小小的統計，比如說，針對第一組所有的成員，計算他們從第一課到第四課，每一課小考的總分，代表團體的成績，又比較每一個人的個人成績，發現：小組報告時，團體總分是進步的；就個別而言，全班前百分之十的同學，原本成績就很好，所以差異不大，中等以上的同學，有人長足進步，而有幾個成績原本是不及格的同學，他上台報告的那一課，都考及格了。

小組報告與項目　　　　生字報告　　　　作者報告

小組拍照

小組命題與考試

小組長收考卷

考卷訂正與家長簽名

優缺點轟炸

上台報告成績進步了

5 我要結婚了 —— 喜帖製作

　　語文常識中的應用文，有關書信的部分，很重要卻不容易學，為了實際練習，我請同學們練習寫給家長或給老師一封信，並練習信封的寫作。

　　近年，又利用書商提供的「書信用語」教具，進行分組的比賽，全班分成三組，每一組推派三人，第一組上台時，請他們寫信給祖父母，三人合作找出適切的用語貼上去，計時三分鐘，貼完後下台，請全班一起來訂正答案，每答對一個加五分，接著第二組寫信給同學，第三組寫信給兒女，得分最多的優勝組，全組的組員都加五分。

　　接著玩「大家來找碴」，把有錯誤的信件和信封貼在黑板上，請同學們努力找出書信中錯誤的部分，計時三分鐘，時間到了，請同學

們坐好，以先舉手先發言的方式，請同學指出錯誤，並且要說出正確的答案，答對的人就加五分，直到把該封信訂正完全。

為了使應用文的學習更生活化，我設計了「八上語文常識我要結婚了──喜帖製作」的作業與活動。

先說明喜帖作業的評分規準，共有兩個分數：

（1）電子檔：準時交作業加九十分，檔名「80501 姓名　我的結婚喜帖」，正確加十分，部分正確加五分，滿分是一百分。

（2）喜帖紙本：準時交加六十分，遲交扣二十分，內容的配分是：①有封面「結婚喜帖」加五分。②文字敘述中，有寫明結婚事由加五分。③暫時不考慮多元成家的議題，仍以一男一女結婚為原則，有一張自己的照片或圖片加五分，有一張異性的照片或圖片加五分。④有結婚與筵席的時間與地點加五分。⑤有雙方家長邀請人，加五分。⑥有自己的設計，加一到二十分。最高分是一百一十分。

請同學們設計自己的結婚喜帖，預定十天後交作業，並請小老師寫聯絡簿。

作品收齊之後，請同學們交換互評，按照評分的規準逐項評分，讓同學們可以再一次複習應用文的寫作，也可以參考別人的作品。

有人和偶像結婚，有人和電腦、電玩人物、機器人、卡通人物結婚，也有男生放上好朋友的照片，給他畫上假髮、帶上胸罩、穿上裙子，手牽手結婚了，有人真的很用心設計漂亮的喜帖，流露出期盼結婚的喜悅，有人把喜筵的地點設在學校的大操場，還有人設在第二殯儀館，同學們互改的過程，充滿笑聲，非常有趣。

同學們改完之後，收來，老師進行複評，然後掃描各班的作品，加上上課的照片與影片，製作這個單元完整教與學的簡報。

簡報的呈現，先進行「猜猜我是誰」的活動，我把同學的喜帖放在簡報上，把相關個人的資訊遮起來，只露出部分線索，如家長姓

名、另一半是誰等，請同學們猜猜看這是誰的結婚喜帖。

　　最後，是喜帖的觀摩與講評。

書信用語分組比賽　　　　大家來找碴　　　　　喜帖逐項互評

　　猜猜我是誰　　　　　　我要結婚囉　　　　各班佳作互相觀摩

6　愛國夫人咖啡館，來客 e 咖啡

　　利用多媒體教學之後，為了刺激上課的鬥志與專注力，製作猜謎簡報和補充教材，內容有猜地名、猜字謎、諧音俏皮話和綜合口味的謎語，也收集或連結許多笑話、卡通、世界趣聞等影片。

　　歡迎光臨國文特科教室！這裡是長相安全、超級愛國的愛國夫人咖啡館！這裡備有猜謎 e 咖啡──課前先播謎題簡報，同學們一進教室就會好奇地猜答案，上課鐘響之後，請同學自由上台，用粉筆寫上座號與答案，或分組討論，猜對的得「大補帖抵用券」一張，上課的

熱情與氣氛就來了；同學們也很喜歡笑話蛋糕與動畫鬆餅的點心時間，充分讓你提神醒腦、消愁解鬱喔！

猜謎 e 咖啡　　　　猜謎上台搶答　　　　　　　笑話蛋糕

7 一存恆久遠，複習不厭倦

九年級複習課程時，先用動畫複習課文與作家，用簡報複習教材的重點，再加上當年的笑話或故事，輕輕鬆鬆就喚起同學們的記憶了，超級好用。

（四）e 園雲端即時相聯──愛國夫人的部落格

我把各項學習單、文言文翻譯、行事曆、成績計算說明等，都上傳到部落格，而部分上課與作品的照片，每一屆設定約定的密碼加鎖，同學們可以隨時閱覽並自行下載。

部落格留言，方便親師生互動；還有文章的分享。

SARS 期間，我也把上課的教材上傳，讓請假的同學可以在家自學。

教學部落格教材圖片　　教學部落格課務資料　　教學部落格同學作品

（五）e 園饗宴畢業送歡——教學的回顧與回饋

畢業前，回顧三年的活動與作業，在笑聲中歡送又一屆的孩子們，並請同學填寫老師教學的回應表，作為下一屆教學的參考。

三年教與學的回顧　　　填寫教學回應表　　　填寫教學回應表

二　e 園守則——安全

由於國文課的節數比較多，在特科教室上課必須考量各項的細則。

每一節下課，要確實檢查課桌椅，避免有同學遺忘私人的物品或污損了公物，並且維持整潔，以免教室孳生蚊蠅和蟑螂！

　　為了安全，每一堂課都必須確實清點人數，遲到與曠課要詳細記錄，一定要追蹤無故未到的同學。

　　還有，特科教室的長桌子與折疊椅，非常容易撞傷與絆腳，尤其好動的男同學很喜歡表演給老師看，如果是無傷大雅的玩鬧，笑一笑就好，適可而止，如果是比較激烈的打鬧或快速的奔跑，一定要立刻善意地勸導或慎重地禁止，以維護同學們的安全。

　　當然，e園的最高指導原則是：多多公開的讚美與實質的獎勵。

三　e園拾穗——省思

　　經過七年國文教學電子化的經驗，心得與省思分享如下：

　　電腦教學是必然的趨勢，不僅活潑方便，能夠隨時調整修正，而且，我把字體放大，同學們可以看得很清楚；上課時不必拚命寫黑板，吸粉筆灰，健康又環保；還可以反覆複習；同學們抄筆記時，老師能夠隨時走動檢查；有時，遇到疑難問題也能夠立刻上網查詢……，好處很多哪！

　　從同學們的作品又可以發現：一屆比一屆做得更好，一個班級中，優秀作品的比例提高，整體的成績也提高。把同學們的作品錄製成電子檔，不但方便展示與觀摩，減輕部分同學「不會做！」或「不知道該怎麼做？」的壓力，又能激發同學：「怎麼做可以做得更好？」的企圖心與創意，教學的效果看得見。

　　而教學活動的攝影，立刻播放與立刻回饋，同學們就可以立刻調整，甚至，有的同學會主動要求重來一次，除了增添學習的「效果」，更帶來意外的「笑果」，讓同學之間的感情更加溫馨了。

　　同學們的小組報告也邁向電子化了，製作越來越合用、精緻、豐富的簡報，上台報告的音量、台風也越來越穩健，連小組的出題與監

考，都很有老師的架勢，尤其，對於平常學習意願較低落的同學極有幫助，有一個畢業的同學告訴我，念高職的她，因為製作簡報而輕鬆取得證照。

還有同學把自己詩歌吟唱跳騎馬舞的影片，以及同學們互相拍攝時搞笑的片段，放在 YouTube 上面與親友分享，又叮嚀老師：一定要上網看喔！

不過，為了顧及同學們的隱私權，我的教學照片，只有少部分放在教師的部落格上，並設定密碼，避免困擾。部落格上，也分類標示相關的教材、學習單與資料。

教學電子化，最辛苦的是備課，既花時間又勞心力，我如今視茫茫——弱視、近視加老花，髮蒼蒼——又燙又染勉強一枝花，肩頸與手指關節疼痛——要靠泡溫泉緩解與抒壓；另外，有時同學們抄筆記抄煩了，就會抱怨說老師打字比較輕鬆啊！因為他們看不見老師背後的準備與付出哪！

曾經，為了節省製作簡報的「成本」與時間，透過國文科教學研究會分享，希望結合有興趣的老師，共同收集資料、研討編輯大綱、分工合作來編製教材，不過因為有興趣的老師教不同的年級，而且時間不容易協調，再說，老師們不只要備課、帶班、聯絡、輔導、開會、研習，還要批改作業與作文，工作量真的已經很多了。

很感謝教科書的服務人員，除了隨時迅速地提供各種電子教學的產品，又經常詢問老師實際教學的需求；編輯人員也到學校來，請我提供簡報以及教學的相關建議，做為調整的參考，例如：簡報字體必須放大、超連結、出試卷等，我很期待，透過書商的人力與物力，編輯更實用的輔助教材。

換版本是我的夢魘，換一次版本，我辛苦三年的備課與電子教材幾乎都必須重來，苦啊！

　　以前國文特科教室很少人使用，所以，購置適合小組教學的長桌與簡易折疊的輕便椅子，現在作為常態上課的教室，很需要一般的課桌椅以利於上課、教學與考試；而要不要裝冷氣是我的趨避衝突，一方面夏天到特科教室上課非常悶熱，同學們不斷抱怨：「老師！好熱啊！」但是，礙於學校的規定與電量的負荷，我想自費裝置冷氣也不行，一方面則是我的自私，我擔心一旦裝冷氣，各年級競相要到特科教室上課，我得搬來搬去，很麻煩啊！

　　另外，顧及同學們長時間看螢幕，必須考量到教室光線的控制和窗簾的透光率，避免太亮傷眼睛，太暗容易打瞌睡，而投影機的留明度至少要三千以上。

　　事實上，長期佔用國文特科教室是我的痛。當老師們越來越有意願利用視聽教材上課，而國文特科教室卻只有一間時，我充滿歉疚，一度在各班教室架設投影機上課，但同時間的特科教室卻閒置無人使用，我再度回到特科教室。二年前，很感謝校長和行政主管，著手建置班班有電腦並架設投影機，我相信一定能提升教學的效果，同時解決了因為我在特科教室上課，而造成其他老師使用不便的「掙扎」。

　　感謝設備組、資訊組，幾年來，高手不怕新手，隨時伸出援手，才見識到老師們臥虎藏龍，各有好幾手；感謝同學們術業有專攻，不乏許多電腦高手，成為我上課的好幫手。

　　國文 e 花園，不只活化了教與學，更豐富了我的教師生涯，充分體驗「活到老，學到老」的真諦。

　　——本文獲得「臺北市第十四屆教育專業創新與行動研究：經驗分享類——活化教學　國文 e 花園」（2013 年），佳作。今增補改寫後，收入本書。

作文萬花筒

　　不管升學的考試要不要考作文，學生寫作能力的啟發和磨練很重要，透過教學，寫作的興趣可以被點燃，所以我一直很努力耕耘這塊少年花田。

一　作文萬花筒

　　配合學生的成長、升學的考試和教學的進度，我擬定了三年作文教學的計劃，難度由淺入深，延伸由近而遠，循序漸進，以多元化的教學活動來呈現，鼓勵同學們抒發自己親身的體驗與感受，而實際進行教學時，還必須因應時間、教材、課文、特別的情況，作彈性的調整，以下是作文教學的摘要。

（一）作文連環訣──邊玩邊寫

　　七年級，一學年完成作文連環訣二篇，八年級一篇。比如第一次作文的題目是「手」，寫作教學是這樣進行的：

　　1 寫作大綱：老師一邊進行教學活動，一邊逐項把活動的大綱和活動的時間寫在黑板上，並請同學們抄錄下來。

　　2 體驗：請同學們把桌上的東西都收起來，先專心觀察左手一分鐘，右手一分鐘，再觀察雙手一分鐘，然後拿出作文簿，按照大綱的位置，在「體驗」的部分，在三分鐘之內，提筆寫出約三行的觀察所得，老師的提示是：要有敏銳的觀察力。特別強調這是視覺的摹寫，

也就是我看到什麼？我就描寫下來。

三分鐘到了，就請同學們把作文簿和文具收進抽屜裡，繼續下一個活動。

課後，老師批改的原則是，內容三行就加六十分，具體描述看到的部分加分，能適切運用形容詞加分，能用創意與優美的描述加分，以一百分為滿分。

邊玩邊寫觀察左手　　　邊玩邊寫觀察雙手　　　邊玩邊寫寫觀察心得

3 分組討論：接著，按照座位分成五組，每一組約六個人，各組推派一個同學可以拿紙筆作記錄。

（1）詞語：請各小組討論有「手」這個字的詞語，詞語指二個字到三個字，例如：左手、玉手、鹹豬手……。約三到五分鐘。

老師把黑板分成五等份。

時間到了，請每一組派二名同學上台，把小組記錄的詞語寫在黑板上，約三到五分鐘，等同學寫完之後，老師直接在黑板上評分，答對打勾，一個得二分，有錯字或漏字都不加分，老師隨手訂正或隨口訂正，並計算各組的成績，優勝組全組的組員各加五分。

請值日生把黑板擦乾淨，請同學們拿出作文簿，自己寫詞語，約五分鐘。

也可以用詞語接龍的方式進行，各組輪流，每一組每一次請一個

同學站起來，說一個有「手」的詞語，必須每一個人都輪過才可以重複，而且必須注意聽清楚別組所說過的詞語，凡重複詞語或接不下去的小組就淘汰，直到產生優勝組，該組每個人加五分，再請同學們自己寫詞語。

老師批改作文簿時，也是答對打勾，一個得二分，有錯字或漏字都不加分。

（2）成語：用這種方式，進行有「手」的成語，但是答對一個加四分，成語中如果有錯字，一個字扣一分，超過二個錯字就不算分了。變化的方式，除了成語接龍，還可以玩比手畫腳猜成語。

（3）諺語詩句：以同樣的方式，進行有「手」的諺語或詩句、詞句、文句，答對一個加五分，如果有錯字，一個字扣一分，超過二個錯字也是不算分。

（4）譬喻修辭造句：譬喻是修辭中比較簡單易學的技巧，為了幫助同學們能快速掌握訣竅，請同學們以最基本的明喻形式，手（本體）＋像（喻詞：如、似、若、猶、好像、彷彿）＋乙（喻體），寫出有「手」的譬喻修辭造句，一個完整通順的造句加十分，有創意再加分，討論與寫作的時間必須多一點，老師邊改，必須邊說明為什麼不完整或不加分。

（5）短文：最後，請同學寫「手」的短文，字數約二百個字，要分段，要使用標點符號，提示同學：把字詞、成語、佳句、修辭，運用在一篇文章裡，就是佳作了，約二十分鐘。

下學期，第二次進行作文連環訣，題目是「路」，但是短文的字數提高為三百個字，八年級的題目是「風」，短文的字數必須超過四百個字。

一次完整的作文連環訣，至少需要三節課，必須分項實施，有時候甚至必須跨學期才能完成。

　　八年級以後，進行詞語、成語、諺語、譬喻修辭造句的寫作之後，我請同學們交換作文簿進行同儕互改，這樣，可以讓同學們再一次複習相關的詞語和造句，也可以學習正確的字詞和如何分辨對錯，學習如何計算自己和同學的得分，過程中，如果有問題可以舉手，由老師說明或判定，同儕互改之後，再由老師複評，不過，體驗和短文的部分仍由老師批閱，避免爭議與困擾。

分組討論手的詞語　　　分組上台寫手的詞語　　　自己寫詞語

成語訂正與計分　　　　手的譬喻修辭　　　　手的短文與批閱

　　4 作文的批閱：老師批閱作文，最基本的一定要逐句畫點、逐段畫圈，這樣，不但能幫助老師看得更專注更仔細，也表示老師已經確實看過內容了。

　　在作文上的眉批，點出修辭與佳句，或回應內容，或畫□請同學訂正錯字；分數之後，有具體的分項加分，例如：成語、修辭、照片等；也有具體的分項扣分，例如：分段未空二格，全文未分段，錯

字，標點符號錯用或漏用等，所以，分數的呈現是，總分九十，成（語）加五分，修（辭）加三分，照片一張加五分，未分段扣五分，錯字二個扣二分等等，藉此讓同學們知道自己寫作的優勢與需要加強的部分；最後的總評，原則是讚美在前建議在後，萬一時間緊迫，只有一句總評，即使分數不高，都要努力找出正向而具體的鼓勵和肯定，例如：字體工整、分段清楚、情意真切、文字通順、認真寫作等，給同學們積極的信心，畢竟作文的教育，引發孩子寫作的興趣與熱情，比嚴格的批評與指教更重要！

老師！改過了嗎？

幽谷琴音

　　本校段考和模擬考的作文，一向採取彌封閱卷的方式。同學們得在一節課的時間內寫一篇作文，由監考老師收齊之後交到試務中心，教務處的行政人員立刻進行點收，接著就彌封、編號並登錄，錯開老師自己任教的班級，再分給老師們進行批閱，因為時間緊湊，必須快速閱卷，改完就要立刻交回教務處，由行政人員拆封後直接登錄成績，再交給老師們發給同學們。

　　曾經有一次，有一個班級的一個同學，她覺得自己寫得不錯，可是分數卻太低了，她的家長拿著作文的試卷向校長投訴，以老師沒有任何圈點，根本沒有認真看完為理由，要求教務處請原改的老師重新評閱，該位老師改作文一向沒有圈點，看完就直接給分數，經過一番波折，老師甚至能說出該生作文的大要，想澄清他是認真看過作文的，但是家長仍然不肯接受，家長說：「整張考卷，沒有任何評閱過的痕跡，你怎麼說服我你確實看過了？」老師終於答應重閱並且加分，才平息了家長的怒氣。

後來，透過教學研究會的討論，做成決議：以後，每一次的考試作文，老師們在評閱前，要先討論評分的共識，而且，即使快速閱卷，也一定要有圈點，避免引發爭議。

5 講評、表揚與賞析：作文改完之後，發給同學，老師進行分數計算、錯字、書面、標點、修辭等的綜合講評，接著，逐項表揚優秀的同學，並請同學上台朗讀自己的佳作，老師在旁邊進行賞析與講評。

綜合講評與計算分數　　　　各項佳作表揚　　　　佳作朗讀與賞析

6 張貼閱覽：每一次的作文，最後都要把優秀的作品張貼在教室的學生園地，盡量多貼幾份，讓同學們經驗發表自己作品的成就感，也鼓勵同學們互相觀摩與學習。

至於論說文的教學，三年中，至少要利用一次第八節課或一次暑假的課輔，進行一次作文連環訣，以最基礎的形式，讓同學們練習第一段「是什麼？」的破題法，第二段闡釋「為什麼？」的重要性，第三段研擬「如何？」具體可行的行動或策略，第四段結束的幾個技巧。

作文張貼與觀摩　　　作文張貼與觀摩　　　作文張貼與觀摩

（二）作文趕潮流──電腦作文

　　電腦作文是必須也是潮流，一學年，會斟酌寫一到三篇的電腦作文，十五年前，我就利用寒暑假以過年或旅遊為主題，請同學們自訂題目用電腦打一篇作文，不只訓練同學們文書處理的技能，也可以記錄國中生青澀而奇妙的成長。此外，學期中的校外教學、隔宿露營、畢業旅行等等，因為都是可以即時拍照的活動，很適合作為電腦作文的主題。

　　1 練功的秘笈：老師準備一份「電腦作文的練功秘笈」，載明各項寫作的要點、評分的規準和明確的範例，內容包括：版面、格式、字型、顏色、行距、檔名、內容，第一段要空二格，文章至少要三段，要加標點符號，不可使用火星文，注意錯字、漏字等，另外，如果加入照片，一張加五分，最多六張可以加三十分，結果有同學搞笑，放上來路不明的嬰兒照，還有同學放上一群豬的照片，所以，後來又口頭說明，必須是與文章內容有關的過年或旅遊的照片，而且，照片裡一定要有作者本人，也就是說：你可以和豬合照，但是，不可以只有豬的倩影，而沒有作家的英姿。最後，註明繳交作業的時間。

　　2 說明與保管：期末放假前，每個人發一張練功祕笈，老師逐項說明，請同學們妥善保管，如果遺失不再補發，可以自行上老師的教

學部落格下載。

3 作業與評分：開學一個星期後，同學要交（1）列印出來的作文，滿分是一百分，並根據練功秘笈逐項加減分。（2）電子檔的磁碟片，準時交，檔名正確，就是一百分，檔名不完整，扣十分，缺交作業扣二十分。後來，電子信箱普及化了，電子檔就直接寄給老師，老師再按照班級座號做整理。

4 講評與賞析：老師批閱之後，進行綜合講評、佳作表揚與賞析，還會針對火星文做特別的說明。

5 訂正的秘笈：選一篇電腦作文進行訂正的教學，老師把改過的原稿和磁碟片發回，並給每個同學一份「電腦作文的訂正秘笈」，逐項說明後，請同學們回家訂正：（1）同學的電子檔原稿，是黑色十四號字。（2）老師批改的部分；錯字，例如大吃一斤，斤字用紅色加雙刪除號，並用（）填入正確的字（驚）；成語、修辭或佳句，例如：色彩繽紛，要在文字底下加上～～；眉批和評語等，都要用紅色二十號字，總得分用四十號字。

6 作業與評分：一個星期後，交回（1）作文原稿。（2）訂正後的列印稿，訂正完全，是一百分，遺漏或錯誤，一個扣一分。（3）訂正後的電子檔，準時交，檔名正確，就是一百分。

7 校稿與互評：八年級，選一篇電腦作文的原稿與訂正稿，請同學們逐項互評，並學習校稿，老師再複評。

8 網頁與投稿：磁碟片由老師和小老師合作，轉存成班級作品並放在班級的網頁上，讓奇文與全校的師生、家長、網友共欣賞。

而完成的電腦作文，圖文並茂，最適合鼓勵同學們投稿校刊，有一年的寒假之旅和隔宿露營，各有兩篇被錄取了。

電腦作文 校外教學　　電腦作文 隔宿露營　作品投稿刊登於校刊

（三）一封信搭心橋──親師生的對話

作文是「心」的對話，比如母親節前，寫「給媽媽的一封信」。

1 寫作的原則：老師先說明書信寫作的原則，師生討論寫作的材料和角度，特別提醒同學們，一定要先寫媽媽的優點和自己的感恩。

2 親師的回應：老師批閱講評後，讓同學們帶回家，請家長簽名並留言回應，有簽名，就加十分，有留言，不管字數是多少，再加十分，如果媽媽真的沒辦法寫，相關的教養人都可以寫。十天後收作業，有阿嬤簽名「阿媽」，寫：「不會寫。」照樣加二十分，有媽媽寫說：「原來孩子是這樣想的！」也有媽媽解釋為什麼把孩子送回奶奶家，感謝老師讓親子之間有溝通的機會。

3 彩虹的心橋：寫作的過程中，同學們哇哇叫，有許多掙扎，想到要給家長看還要請家長留言更是猶豫，但是，交作業的時候，同學們卻互相訴說家長留言時的情景，有人說媽媽寫到十二點，邊寫邊掉淚，內容比她寫的還多，原來媽媽有這麼多的話要說，有一個同學

說，他寫了那麼多媽媽的好話，媽媽說要加他的零用錢，孩子看到家長的留言，感受到滿滿的愛，一封信，讓媽媽的眼淚很彩虹，孩子的笑容很陽光。

4 訂正與打字：然後，請同學們訂正和打字，同學的作文用黑字，老師評閱的部分和同學訂正的部分用紅字，媽媽回應的部分用藍字，一個星期後，請同學們交作文的原稿、訂正稿和電子檔，先請同學們學習互相校稿，老師收來後再給一個分數，只要準時交作業就有八十分，打字與訂正如果正確就加二十分，總分是一百分，如果有錯誤，一個錯誤扣一分。

5 校刊的投稿：最後，鼓勵同學們，既然已經有電子檔了，立刻就可以去投稿校刊囉！

暗夜的一封心橋！

幽谷琴音

那一年，校刊共錄取二篇「給媽媽的一封信」，其中一篇，是一個常常生病就讀資源班的孩子寫的，他的故事以後有機會在輔導的單元中再說，另外一篇是一個帥哥寫的，帥哥就讀國小時成績很不錯，升上國中之後，結交了許多比較複雜的朋友，經常半夜出遊，早上爬不起來，所以常常曠課，功課自然一落千丈，加上他想交女朋友卻被拒絕，各種的挫折和壓力，又使他更需要一群朋友的慰藉了。

他的媽媽很難接受孩子的改變，以前可以完全掌管，可以安排各種補習的兒子，現在失控了，她軟硬兼施試圖挽回孩子，為了不讓孩子半夜出門，她把大門加了鎖，鑰匙在她的手中，孩子卻不顧危險，黑暗中從窗戶沿著水管爬下去，好幾天都不回家，當她得知孩子來上課，趕快買了他最愛吃的炸雞套

餐，親自為他送到學校來，孩子竟然在班上公開對她大聲怒罵，狂飆三字經。

然而，帥哥寫給媽媽的一封信卻真情流露令人感動，他說我知道媽媽愛我，他舉了幾次具體的情境，反省自己說的話和做的事傷了媽媽的心，我邊改邊掉眼淚，我在評語中讚美他的誠實、坦率和勇氣，讚美他的文筆流利，鼓勵他是聰明有潛力的帥哥，我相信他可以走過青春期的風暴，將來可以成為許多青少年的幫助。

他帶回家給媽媽簽名寫回應，媽媽非常認真，暗夜中，從他小的時候貼心順從，成績優秀，各項表現都讓媽媽引以為榮，寫到這段日子，親子間的衝突與傷害，媽媽表達自己的痛苦與不解，也不斷反省自己的做法與疏失，一行一行地塗塗改改，紙上暈漬著斑斑的淚痕，帥哥交回作文，我邊看也邊擦止不住的淚水！

這封信，經過投搞，被刊登在校刊上，很多人給帥哥支持與讚美，帥哥曠課的情形慢慢減少了，媽媽也不再要求他的功課，親子間的關係有了改善，雖然，偶爾還有突發的事件，也被校規多次的處分，所幸在他的導師、任課老師和訓輔人員的合作下，都能及時處理，最後帥哥也順利畢業了。

給媽媽的信原稿與訂正稿　給媽媽的信信封練習　　給媽媽的信投稿校刊

（四）青春樣樣好──八年級的我

七年級，有一次段考的作文題目是「我」，同學們寫得不大理想，經過作文教學之後，八年級，我請同學們再寫一次「八年級的我」，這不僅是自傳的仿寫，能幫助自己、同學、老師認識「我」，也提醒同學們要注意新加入形容詞「八年級」的限制，為了讓同學們更清楚寫作的基本格式，有同儕的互評和老師的複評，教學的步驟如下：

1 寫作說明：簡單說明題目與寫作的基本格式，接著請同學們提筆寫作，寫作的時間比照段考就是一節課，寫完收卷才下課。

2 同儕互評：老師先把評分的項目與規準寫在黑板上（教學電子化之後，作成簡報。），再把作文發還給本人，然後請一號傳給二號改，二號傳給三號改，依此類推，然後逐項進行同儕互改。

（1）改的人，請在作文紙背面的左上角，寫上年、班、號、姓名。

（2）接著，一項一項寫好評分的項目，進行加分與扣分。

（3） 用紅原子筆改。

（4） 逐句畫點，逐段畫圈。

（5） 錯字要在上面畫□。

（6） 檢查與評閱：

　　①每段空二格□□，有打 ✓，沒有－5。

　　②文章三到五段，有打 ✓，沒有－5。

　　③內容一面加五行，有打 ✓，沒有－5。

　　④錯字，一個扣一分，寫成－1×5＝－5。

　　⑤成語或諺語，在旁邊畫一條線，一個加一分，寫成 1×6＝6。

　　⑥修辭或詩詞，在旁邊畫一條線，一個加三分，寫成 3×3＝9。

　　⑦評語，要具體，至少要有三項的優點，再寫二到三項的建議或待改善的部分，不能做人身的攻擊。

　　⑧評分：極優秀 95－100，優秀 90－94，佳作 80－89，通順 70－79，再加油 60－69。

　　⑨總分數，字要放大，呈現的是 88＋7－2＝93。

改完後還給對方，請作者本人核對分數，如果有爭議，由老師處理，然後收作文卷。

3 教師評閱：老師的複評，用紅簽字筆改，分成兩個部分，一是評閱作文，給寫作文的同學分數與評語，二是檢核同學的評閱，看看改的人，是不是有逐項評閱？給的評語是不是中肯恰當？也給改的人分數與評語，分數從寬，評語從善，增進同學「改作文」的信心。

接著，從各班選出各約十份的作文佳作和評閱的佳作，加以掃描，並製作教學的簡報。

4 作家表揚：發作文，分別請作文八十分以上，和評閱得八十分

以上的同學，帶著自己的作品上台接受表揚。

　　5 朗讀賞析：請最高分的二名同學，朗讀自己的作品，老師在旁除了賞析與鼓勵，並適時說明值得同學們學習的部分。

　　6 綜合講評：老師以事前編製的簡報進行綜合的講評，簡報的內容可以參考愛國夫人作文寶典，更改的部分是審題、照片與影片。

　　7 互相觀摩：讓同學們彼此借閱欣賞。

　　8 登錄成績：訂正錯字，統計分數，收作文並登錄成績。

　　如果還有時間，或者是段考的作文，還可以進行下列的延伸教學。

　　9 心得分享：分享互評的心得、難處或收穫。

　　10 分組大 pk：按座位分組，就同組的組員所寫的文章中，所用到的成語，每一組每一次請一個同學站起來報告一個成語，輪流進行大 pk，看哪一組在作文中運用的成語最多，優勝組就加五分，依序再進行諺語、佳句、修辭等大 pk。

八年級的我現場寫作　　八年級的我評分規準　八年級的我同儕互評

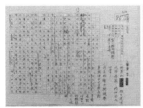  

老師複評同學的作文　　老師檢核同學的評閱　　綜合講評佳作賞析

同學作品互相觀摩　　分組大 pk 同學討論　　分組大 pk 同學報告

（五）精彩過一生——我的霹靂傳

在說明古人如何取字與號的由來之後，設計「我的霹歷傳」學習單，請同學們練習寫不一樣的自傳，內容有：

1 我的名字：○○○。

2 偉大的傳說：請同學門們回家和家人討論，為我命名的由來，如果有家長的簽名，可以加十分。

3 字與筆名：體驗為自己取「字」、「號」、「筆名」、「綽號」的樂趣，至少要有字與筆名，如果說明涵義是什麼？就更好了！可以加分。

4 生平經歷：回顧成長過程中的大事記，簡述現在身為國中生的苦與樂。

5 我的輝煌記錄：從小到現在，自己覺得最得意、最輝煌的記錄。

6 我的未來不是夢：寫下自己的期許、目標與願景，最後，如果嘗試用一句話為自己的一生寫下墓誌銘，可以加分。

7 作家身影：貼一張自己最喜歡的個人照，再加十分。

寫過「我的霹靂傳」，碰到相關傳記的作文題目，就比較容易發揮了。

老師批閱後，進行綜合講評與佳作賞析，並把作品張貼在學生的園地，彼此可以分享、觀摩、欣賞，也增進同學們之間的認識與了解，有一次，下午張貼，同學們急著看霹靂傳，連放學了都捨不得回家。

我的霹靂傳　　　　我的霹靂傳　　　　我的霹靂傳張貼觀摩

也曾經使用「五柳先生傳」的古文形式進行仿作，有幾篇令人驚艷的佳作，不過沒有留下作品，很可惜。

上完「生之歌」，可以寫「假如我剩下三天的生命」，另外，也進行一幅畫、一句話、一則故事或遊記的仿寫或創作，大部分的同學都能切題寫作。

其實，每一次上作文課，不管出什麼題目，同學們總是此起彼落

的抱怨：「老師！好難啊！」要不然就是反問：「老師！要怎麼寫啦？」

還有同學下了挑戰書，問說：「老師！你有寫過嗎？」所以，我也「下海」寫了幾篇仿作與創作，摘錄在「杏壇昏慌錄」裡。

（六）深耕閱讀──世界更寬廣

提升孩子們的閱讀能力很重要，深耕閱讀的教學摘要如下。

1 圖書館之旅：七年級上學期，帶領同學們參觀圖書館進行圖書館之旅，說明圖書館相關的規定與借閱的辦法，鼓勵同學們多借書、多閱讀。

2 越讀越有趣：七年級下學期開學時，請同學們選一本書，先自行閱讀。

第二次段考後的作文課，請同學們攜帶色筆和書，在課堂上，配合「越讀越有趣」的學習單進行寫作，寫作時老師幫同學與書拍照，有一次，訓導主任經過教室，我正在幫前一天剛到訓導處報到過的帥哥拍照，他就進來與帥哥一起合照，全班開心極了。

為了幫助同學們完成學習單，先觀摩學長姐的作品，學習單上有書名、作者、出版社等基本資料，以及男女主角、內容摘要、佳句摘錄，給作者的一句話，和「我的話」心得寫作，以及「我的畫」為這本書畫插畫，有的同學畫不完，所以，請同學繼續完成後第二天再繳交。

3 講評與賞析：老師評閱後，加上臺北市閱讀寫作與插畫的得獎作品照片，製作簡報，進行綜合講評、佳作表揚、朗讀與賞析，並張貼在學生園地，達到觀摩學習的效果。

圖書館之旅

閱讀寫作與書合照

閱讀寫作與書合照

閱讀寫作觀摩與寫作

閱讀寫作綜合講評

同學的佳作欣賞

臺北市的佳作欣賞

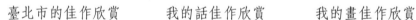

我的話佳作欣賞

我的畫佳作欣賞

　4 閱讀大會串：配合教務處舉辦好書閱讀、好書導讀、校內書展等各項活動，鼓勵同學們閱讀。

　教務處推動深耕閱讀不餘遺力，不但請國文老師在語文日的早自修，利用廣播進行好書導讀；又聯絡書商，挑選優良的讀物舉辦校內

的書展，邀請愛心媽媽協助佈置與購書的服務，安排各班輪流去參與書展，而且，同學們如果完成學習單投入摸彩箱，在週會時，主任還會公開抽出十位的同學，送出十本的好書。

5 百萬中學堂：擔任國文科主席時，與主任一起邀請老師們組成國文科專業社群，一方面進行研習，一方面分工合作，配合教務處的書展，推動閱讀教學的精進活動，同時，陪伴新老師們把這段過程詳細記錄下來，整理成行動研究。

我們幾乎在每個星期四的下午聚會，有時候還要額外撥出時間，一起討論並實施「百萬中學堂」的閱讀活動。

第一步是開列書單，包括勵志動人的各種書籍，例如：《用腳飛翔的女孩》——蓮娜・瑪莉亞；《五體不滿足》——乙武洋匡；《我聽見石頭在唱歌》——張文亮；《小王子》——聖修伯里；《少年小樹之歌》——Forrest Carter；《最後十四堂星期二的課》——米奇・艾爾；《肯定自我》——劉墉等等，共有五十本書。

利用週會，由主任和負責主持的老師，向七、八年級的同學們說明活動的辦法，第一關是個人紙筆學習單的測試，第二關是班際的競賽，而所有命題的範圍都在這五十本書之中。

接著鼓勵同學們閱讀，並預訂測試的日期。

第二步，由負責的老師們，針對這五十本書設計題目與學習單，再利用一次七、八年級的早自習進行學習單的寫作，評選出各班的前三名公開表揚，並代表班級參加即將在週會舉辦的「百萬中學堂」的活動。

第三步，由負責老師製作精美的簡報，有題目、答對或答錯的圖案與音樂、和正確的答案，隨著俊男美女的主持老師，機智幽默的串場，進行班際的競賽，同學們的反應非常熱烈。

最後，由老師們完成行動研究，參加臺北市中小學及幼兒園教育專業創新與行動研究的徵件，得到教育專業經驗分享類的佳作。

深耕閱讀書展與學習單　專業社群討論與研究　　　百萬中學堂

（七）文學典藏——時間的味道

同學們的作文和各項實作的作品，都由老師保管，一方面是為了期末時教務處要抽查，一方面要等到一學年結束時，再一起發給同學，讓同學們可以更客觀的再次評閱自己的作品，自我比較，看看是否進步了？

老師還要再收回，直到畢業的前夕，才把三年的作品全部發還，在回顧中省思，也方便同學們整理與保存。

發回三年的作文　　這些都是我的作文　　三年作文大集合

（八）踴躍投稿——作家名人榜

同學們寫作的能力固然須要磨練，努力完成的作品也渴望被肯定，老師除了鼓勵同學們積極參加各項作文和徵文的比賽，也獎勵同學們向各種刊物和媒體踴躍投稿。

校內外的比賽或徵文，只要投稿就加十分，被錄取了加三十分，並發一張「大補帖抵用券」，又公開在班上表揚，如果有佳作刊登在報章雜誌上，學校還會另外記嘉獎以示勉勵。

至於校內的文學獎，針對新詩、散文、小說的徵文，我鼓勵各班各類至少要推派五人參加，以自願為先，主動參加的同學可以點人，互點好友加入，不但刺激現場互相陷害的樂趣，也鼓勵更多的同學一起參與，給自己一次練習寫作的機會，點完以後，如果想更換項目的可以告訴老師，立刻調整，老師隨即登錄參賽的項目和參賽者的座號，其他的人如果願意交稿，一樣可以加分，就此成立了投稿部隊。

訂定收稿的日期，讓各班的小作家們帶著作品合照，彷彿出征前的誓師大會，再按照登錄的資料分項收件，請小老師統一把稿件直接交到訓育組。

以九十六年八年級的二個班為例，國語文相關作文得獎的有：國語文競賽作文第二名。深耕閱讀網路作文第二名，第六名有二人。人口教育徵文第四名，法治教育心得寫作優勝共四名。文學獎小說組第二名（第一名從缺），佳作有三人，散文組佳作一人，新詩組佳作二人，另外，刊登在校刊上的作品（扣除文學獎）共有六篇，電腦網路作文第一名。

同學們畢業後進入各高中職就讀，仍然有許多人持續寫作的興趣與熱誠，而踴躍參加各校的徵文活動。

寫作也是我的興趣，為了激勵同學們勇敢投稿，我也經常投稿，和同學們分享被退稿的心情，也分享作品被刊登出來的喜悅。

校刊徵文與漫畫投稿　　校刊徵文與漫畫投稿　　校內文學獎得
　　　　　　　　　　　　　　　　　　　　　　　　獎名單

（九）e 園文壇──電子化教學

　　作文教學也邁向電子化了，不管是進行「作文連環訣」、「越讀越有趣」、「我的霹靂傳」等，從寫作說明、佳作觀摩、寫作過程的現拍現秀，到批閱完成，綜合講評、佳作展示與賞析，都經過拍照或掃描，以電腦或簡報的方式來呈現。

　　此外，仍然繼續鼓勵同學們踴躍投稿。以一百零一年為例，三個班參加學校的文學獎徵選比賽，小說得第一名、第二名，佳作兩人，散文得第一名與佳作，新詩得佳作；校內溫世仁作文比賽，八年級散文錄取四名，我們全包，新詩錄取三人，我們二人並列第一，並代表學校參加校際的比賽，得到新詩組的優勝。

作文連環訣－邊寫邊玩
作文題目：手
（二）有「手」的詞語
二到三字例如：左手
分組討論－三分鐘
小組接龍　書寫－訂正
　優勝組加 5 分

提示：正確　＋速度＝高分

（八）評分　（九）總分數
極優秀95-100　　＋7
優秀　90-94
佳作　80-89　　8 8-2
通順　70-79
再加油60-69　＝9 3

作文連環訣　　　分組討論詞語　　　作文互評規準

閱讀寫作與繪圖　　　閱讀繪圖得獎作品　　　文學獎得獎名單

　　——本文獲得「臺北市第八屆教育專業創新與行動研究：經驗分享類——雙十年華　國文正青春」特優（2007 年）、曾發表於「臺北市九十六年度國民中學提升學生國語文能力成果發表會」，今增補改寫後收入本書。

二　愛國夫人作文寶典

　　如果說作文連環訣、電腦作文等教學活動，是屬於時間比較從容，同學們寫起來比較有趣，是奠定學生基礎能力的作文教學，那麼針對升學考試的作文教學，就顯得比較急迫而必須，怎樣幫助同學們立刻掌握題旨，在短時間之內，呈現靈活運用的表達能力，寫出一篇段落分明、文情並茂的好文章，不僅是同學們與家長們殷殷的期盼，更是老師們傳承文化的責任，和面對升學考試的挑戰！

　　六級分變金「基」母：國中升高中職的聯合考試到底要不要考作文呀？一直存在不少的爭議，從聯考必考，到曾經廢除好幾年，再到民國九十五年的基測又恢復試辦加考作文，就持續辦理到如今。

　　根據報導，「九十九年考進建中的學生，在國中基測的國文作文，約 30% 是 6 級分、60% 是 5 級分、10% 是 4 級分，沒有 3 級分，也就是說，90% 考進建中的學生，國文作文在 5 級分以上。建中老師

曾政清提醒，基測中間偏易，同分學生就比作文級分，因此，作文已成決勝關鍵，作文如果少 1 級分，等於要多對 2 題。」（《自由電子報》990809 記者胡清暉）

作文成績再度成為影響高中志願的關鍵因素，家長們忙著打聽補習班，比較各家的名師，紛紛送孩子進「作文加強班」、「作文精進班」，使得補習班原本擔憂因為少子化而縮減的業務，再次找到擴大營業的金「基」母。

身為國文老師，一則以喜，作文教學終於又重新被重視了；一則以憂，可憐的國中生，已經連星期六、星期日都補不完的習了，現在還要擠出時段來補作文，怎是一個「慘」字了得啊？

初試「題」聲「我」最行：在談作文教學之前，先從作文的題目談起，以民國九十五年到一〇三年的作文考題為例，整理如下表：

表 3-2-1　民國九十五年到一〇三年　基測與會考的作文考題整理表

年度	第一次題目	第二次題目
95 試辦	體諒別人的辛勞	
96	夏天最棒的享受	**我**從同學身上學到的事
97	當一天的老師	那一刻，真美；
98	常常，**我**想起那雙手	**我**曾那樣追尋
99	可貴的合作經驗	那一次，**我**自己做決定
100	**我**在成長中逐漸明白的一件事	當**我**和別人意見不同的時候
101	影響生活的一項發明	
102	基測：來不及	會考：從那件事中， 　　　**我**發現了不一樣的自己
103		會考：面對未來， 　　　**我**應該具備的能力。

首先，十五次作文的題目，八次的主語都是「我」，其他的題目或省略了主語「我」，或要由「我」開始觸題，命題老師顯然評估了國中生的年紀和語文的程度，強調從「我的經驗」著手，包括體諒的、享受的、學到的、當老師、那一刻、那雙手、追尋的、合作的、我的過去、現在與未來，不管是人、事、物，都與「我」有切身的相關，因為生活化，人人可以說故事，而運用寫人、敘事、記物、記遊的記敘法，是作文最根本的技能和要求，如果再加上豐富的摹寫和精彩的修辭，可以吸引閱卷老師的眼睛，從疲累中發出亮光來，展現文學的「美」。

接著，從動詞和形容詞發現，題目重視「我的感受」──體諒、最棒、真美、想起、可貴、不一樣，命題老師希望看到學生學習如何處理並抒發自己的感受，包括我的情意、情感與情緒，不管是抒情或者是論說，從筆尖的真情與真心，可以傳達精緻細膩的文情，流露文學的「真」。

最後，有兩個大方向，一是「我的心得」，包括：我的啟示、學習、領悟與教訓等，抒情、論說都可以盡情地並用；一是「我的行動」，例如：我決定、我追尋、我發現、我應該等，除了抒情，更需要條列式、段落化，用清楚具體的論述，表達我的看法、我的發現、我的行動，是實用可行的，而這部分的深度和廣度，可以看出學生在思考與見解上的程度，這是文學的「善」。

其次，有八次出現明確的數詞與量詞，包括：一天、一刻、一次、一件事、一項發明、雙手、那件事，還有一個「最棒」，提醒學生要弄清楚寫作的範圍與限制，是一天就不是一年，是一次就不能多次，是一件就不要寫二件，是「最」棒就不要接「棒」不停！

數字無情筆有情：孩子們在「六」與「○」之間揮筆，根據心測中心發布的資料，以九十九年基測作文為例，第一次的題目是「可貴

的合作經驗」，總考生人數 300864 人，其中得到六級分的有 7172 人，約佔全體考生的 2.4%，較九十八年少 87 人。零級分的有 4545 人，創九十六年寫作納入基測以來的最高紀錄。

第二次的題目是「那一次，我自己做決定」，其中得到六級分的有 3000 人，約佔全體參加第二次考試的考生的 2%，零級分的有幾百名，這些考生有人寫名字，有人「胡說八道」，還有考生寫了一堆與主題無關的內容後，最後留一句「你看什麼看，請看後面吧？」當閱卷老師翻到背面，結果是一個積木的圖畫。

此外，二次考試都參加的學生中，有 65.1% 的人，作文所得的級分完全相同。

學測中心藉此想要表達的是：作文的評分有相當的一致性。希望降低外界一直以來對於考試作文的評分能不能做到客觀公平的疑慮與爭議。

心中有愛國，紙上無敗筆：參照了國中基測作文的評分方式，依優劣分成六個等級，簡稱「六級分」，以「立意取材」、「組織結構」、「遣詞造句」、「錯別字、格式及標點符號」等四項指標，作為給分的依據，愛國夫人埋首在國文科特科教室三年，精心秘練，發展出一套「愛國夫人作文寶典 —— 基測作文的必勝秘笈」，希望幫助同學們成為「基測」或「會考」的文林高手。

（一）愛國夫人的作文課

民國九十七年，擔任七年級三、四、五共三個班的國文老師，以七上期初評量，作文題目：一則新聞的啟示為例，具體的教學步驟如下：

1 邊改邊記錄

同學們寫完作文，監考老師收齊之後，教務處會以班級為單位加以彌封，錯開老師自己的任教班級，分送給老師們評閱。

同年級的老師，在評閱前，先討論評分的標準和同學寫作時可能會出現的各種問題。

接著，就是限時改作文啦！我會一邊評閱，一邊留意同學們常犯的錯誤，或特別需要提醒的注意事項，例如：審題不明確、錯別字、書面等；一邊注意可以展示，讓同學們學習的優秀作品，例如：字跡工整、段落分明、創意修辭等，加以分類記錄下來，又照相佐證，而六級分的好文章就影印幾份，供老師和同學們參閱。

當我拿到任教班級已經改好的作文，我會迅速瀏覽，同樣找出需要改進和值得欣賞的作品，照相並記錄。

2 製作簡報

利用之前製作的作文教學簡報為基礎，配合考試的作文題目，和新出現的問題，加以增減或修改，並放上熱騰騰剛出爐的作品照片，當看到自己的或所認識同學的作品時，孩子們會感到特別地親切，也特別地興奮。

3 愛國夫人的一節課

上課鐘聲響完了，同學們已經坐定，維持班級秩序後，先發作文，一邊發一邊做簡單的肯定與提醒，比如：「成霖，內容充實進步了，字要再放大。」同時請小老師登記分數。

接著表揚作品優秀的同學，頒發小獎品或「大補帖抵用券」，再請最高級分的同學朗讀自己的作品，老師隨時加入賞析和講評。班級

中如果沒有六級分的作品，就請五級分的同學朗讀，但是，還要朗讀別班的優秀作品，以達到觀摩學習的效果。

再來是進行簡報的作文教學，約二十分鐘。

最後，請同學寫「作文省思學習單」，約五分鐘，時間如果不夠，可以帶回家寫，並請家長簽名，親子可以討論，第二天再收回。

佳作朗讀與賞析　　　佳作朗讀與賞析　　　一則新聞綜合講評

（二）愛國夫人作文寶典──基測作文的必勝秘笈

簡報的完整版是「愛國夫人作文寶典──基測作文的必勝秘笈」，每次依題目的不同而加以調整，內容詳述如下：

1 作文必勝秘笈第一式：心──來自心心的呼喚

一開始是動畫欣賞──空中驚魂。這是由青禾動畫公司製作，將網路笑話繪製成情節精要人物鮮活的動畫，經由聯絡，青禾公司的經理同意我使用在教學或演講的用途上。

內容敘述，有一架小飛機載有四名乘客，一名立法委員、一名律師、還有一位媽媽帶著一位小朋友，突然飛機著火了，機師首先背起降落包跳傘逃生，在跳飛機之前，他告訴四名乘客，飛機上只剩下三個降落傘，說完他就跳機了，接著，立法委員的動作最快，拿起一個

降落包就跳傘了，律師在生死攸關之際，隨手一抓，匆匆背了小朋友的書包就跳下去了，鏡頭轉到空中，律師驚恐的表情隨著一百分的作業翻飛。

動畫總在教室裡的爆笑聲中結束，已經達到吸引同學們專注的效果，這時請問同學：「在關鍵的時刻，什麼是最重要的？」再問同學：「寫一篇作文，什麼是最重要的？」原來：在生命的重要時刻，拿錯降落傘的後果是粉身碎骨；而作文如果沒有抓到題旨，離題了，老師就給你大鴨蛋零級分啊。於是，切入審題的部分。

看到題目，要先找到中心、重心，這是來自心心的呼喚，找到心才能切題。例如：一則新聞的啟示。

審題

步驟一：先找名詞，確定主角。

啟示是名詞，就是主角，就是題目的中心和重心，就是寫作的重點。啟示包含心得、感想、學習、體悟、省思、行動等等。找到名詞「啟示」這個主題，畫一個大圓圈。

秘訣：主題要明確，主角要突出。

步驟二：找到形容詞。

形容詞是修飾名詞或表示名詞的內涵、特質、顏色、大小等，換句話說，也是限制的條件，例如一個字「花」的範圍很廣，加了形容詞「紅」成為「紅花」，就只限於紅色的花，範圍就縮小了，「紅」就要強調。同樣的，「新聞的啟示」，形容詞「新聞的」是內涵也是限制，就要強調，這啟示是關於新聞的，因為是「新聞」，所以必須是最近的「新」聞，不能是「舊」聞，是很多人知道的「新聞」，不是你個人的家務事，要強調「新聞的」啟示，在啟示的大圓圈上，畫一個中圓圈。

秘訣：多看新聞，關心社會。

步驟三：找到數量詞。

限量的「一則」，這是第二個限制的條件，數詞既然是「一」，就不能「沒有」新聞，也不能「二則」、「三則」、「四則」，超過一則就分散注意的焦點了，量詞就是單位詞既是「則」，就不能看成「天」，是「一則」的新聞，不是「一天」的新聞，曾經有一次，八年級段考的作文題目是「一堂」有趣的課，結果很多人寫成「一門」有趣的課，量詞錯了，分數奇慘，所以限量一則，畫一個小圓圈。

秘訣：限量發行，值得珍藏。搞清楚哪個單位的？

審題的部分，畫成平面圖和立體圖如下：

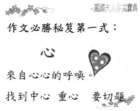

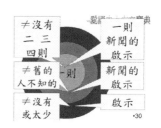

動畫──空中驚魂　　　　第一式　心　　　　　審題

步驟四：行動方向，從最核心的交集開始，從共同的範圍出發。

「一則」、「新聞的」、「啟示」，重疊的部分，才是寫作的範圍和重點。先寫一則新聞，再寫啟示、心得、感想，保證不會離題。而「啟示、心得、感想」的角度與延伸，從個人、家庭、社會、國家、世界可以層層遞進，也可以選擇一兩項深入發揮；寫作的方式用論說、抒情、記敘都可以，同學們最好從個人的生活經驗與體悟開始著筆，不但真誠也顯出真實。

類似結構的題目，例如：一則故事的啟示、一部電影的啟示、一本書的啟示、一句話的啟示，如果只從「詞性的結構」來看，還可以

延伸，例如：一張舊的照片、一次難忘的旅遊、一堂快樂的課等，都可以用這樣的方式，教同學們練習找到寫作的中心、重心和範圍。

聖經中，箴言第四章第二十三節說：要保守你心，勝過保守一切，因為一生的果效，是由心發出。

人生如此，寫作文也是如此，找到「心」又保守「心」是最重要的！

附上同學們的作品，作實例的解說，就更清楚了。

沒有寫新聞
三級分

寫二則新聞
二級分

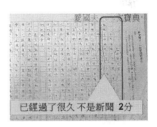

二年前舊聞
二級分

2 作文必勝秘笈第二式：人——一篇作文如做人

寫一篇作文就好像在建構一個健全的人體，要有金頭、銀胸、鐵腿與手、和半鐵半泥的腳，也就是要注意如何分段？如何連結各段落？才能成為一篇穩固健全的好文章。

分段

寫作文一定要分段，最簡單的至少要三段，開頭－重點－結論，如果願意更用心寫，寫一篇作文就像做人一樣，要有適當的比例與結構，至少要有四到六段，每一段的開頭都要空兩格。

秘訣：段落分明。

作文要成功，先要有「金頭」──看出「我」是誰。「金」就是貴重、精要、金光閃閃，「頭」就是主題，「金頭」就是「是什麼？」好像我們看一個人，從「頭」看起，看見五官臉型就認出他是誰來了，同樣的道理，要讓讀者認出這一篇文章是誰，一開頭就要立刻切入「題目是什麼？」以一則新聞的啟示來說，就要先敘述這一則新聞是什麼？金頭的比例不能太大，要簡明扼要又閃閃動人。

接著要有「銀胸」──看出「我」的力量。「銀」是閃亮的、特別的、吸引人的，「胸膛」是內涵，要充實、寬闊、深厚，「銀胸」就是「為什麼？」我為什麼選這一則新聞呢？這一則新聞重要嗎？急迫嗎？新奇嗎？獨特嗎？為什麼特別吸引我的注意呢？這一則新聞的力量到底在哪裡呢？要有深刻可以說服自己和讀者的真情與說明。

再來要有「鐵腿與手」──展現「我」的影響力。「鐵」是剛強而實用的，「腿與手」是靈活的行動力，「鐵腿與手」就是「如何？」強調這一則新聞如何展現影響力，如何感動我、影響我？我如何省思、感悟？我打算如何行動？社會該如何回應這樣的新聞？可能是深沉的感動，可能是有效的策略，可能是具體的、正向的、有建設性的行動，這就是啟示，就是重點，就是這一篇文章的中心與重心，延伸要多元，角度要寬廣，

最後是「半鐵半泥腳」──堅定「我」的立場。「鐵」是堅固有力的，「泥」是柔軟的、細膩的、能融合的，「腳」不大卻堅定有力，才能站立得穩，金頭與好腳的比例要相襯，以精簡最好，所以，「半鐵半泥腳」就是結論，要有鐵漢柔情讓你低迴不已，也要有前呼後應的融合連貫，更可以烙印名言錦句，留下不朽的足跡。

所以，如何建構「一則新聞的啟示」的段落呢？我的建議是：一則新聞是什麼和為什麼選這一則新聞的部分，大約寫一到三段；這一則新聞對我的啟示很重要，是題目的重點，大約寫二到四段，如果最

後加上一段結論就更棒了，而啟示的篇幅一定要多過一則新聞的篇幅。

聖經中，但以理書第二章第三十二節到第三十三節說：頭是精金的，胸膛和膀臂是銀的……，腿是鐵的……腳是半鐵半泥的。

這是以人像預言歷史發展的段落，也可以運用在作文的段落啊！

配合圖像的解說，就更容易了解了。

第二式　人　　　　　　　金頭　　　　　　一篇作文如做人

3 作文必勝秘笈第三式：衣 —— 展現氣質與裝扮

文章有了健全的體格與結構，還要散發優雅的氣質與涵養，勾勒精緻優美的五官，穿戴潔美高貴的衣飾，也就是要有流暢豐富的遣詞造句和生動有創意的修辭技巧。

字詞正確

文章的基本元素是字、詞，所以文字要正確，詞語要精準，如果一直寫錯字，不只表示作者學習的疏漏，原來要表達的意思還會受到扭曲，文章的氣勢與優美也大打折扣了，比如：今天早上我走出大門，看見腳前一坨狗大便，真是大吃一「斤」，免驚！免驚！是大吃一「驚」啦！這場比賽「雖敗猶榮」寫成「雖敗由龍」，是因為「阿龍」才失敗的嗎？「受傷率」寫成「受傷卒」，變成受傷的士兵了？可見，如果寫錯字了，語意的表達也就截然不同了。另外，不要寫讓

人看不懂的字，而不會寫的字，也不能寫注音，或畫一格□，儘可能換一個正確的詞語。

秘訣：字體要工整，平常要多練習字詞的形音義，寫錯字要確實訂正。

遣詞造句

連接字詞就能組句，文句最基本的要求是通順，如果要使文句和文章更優美，最簡單的技巧就是練習詞句的擴寫與美化。

例如：用「一棵大樹」很普通，形容詞「大」是橫向的描述，擴寫為「一棵又高又大的樹」，除了大的橫向又加上高的縱向描述，如果用「一棵參天古木」，不只描述一棵樹高大而古老的氣勢，連人的渺小，心境的謙卑，都躍然紙上，如果再用「一棵矗立在山頂的參天古木」，連樹的所在地，和姿態的挺拔穩固，都能清楚而精緻的展現出來了。

如果加上適當地引用成語、諺語、詩詞、和嘉言妙句，就更能增加文章的氣質與涵養。

進一步，還要學習適切而有創意的修辭法，例如：

譬喻：他要像一棵樹栽在溪水旁，按時候結果子，葉子也不枯乾，凡他所做的盡都順利。

排比與類疊：不從惡人的計謀，不站罪人的道路，不坐褻慢人的座位。

映襯：流淚撒種的，必歡呼收割。

轉化：你已將我的哀哭變為跳舞，將我的麻衣脫去，給我披上喜樂。

經由生動構思的譬喻、排比、轉化、類疊等修辭的技巧，就能更突顯出精緻的五官形態，展現文章獨特的丰采魅力了。

秘訣：精緻、優美、流暢。

而我教學的要求與訓練是：從七年級開始，同學們寫的每一篇作文，至少要有三個成語的引用或使用，還要有三個修辭的運用，採正向鼓勵的方式，每一個正確的成語可以額外加一分，每一個適當的修辭可以加三分，逐漸增進同學們遣詞造句的能力。

聖經中，箴言第二十五章第十一節說：一句話說得合宜，就如金蘋果在銀網子裡。

這不但是金與銀相互映襯的修辭，更強調合宜的詞句是何等的優美貼切！

配合圖像與同學們的作品，作實例的解說，就更有說服力了。

第三式　衣

錯字與注音

創意修辭吸引人

4 作文必勝秘笈第四式：貌——第一眼就愛上你

我給別人的第一印象好不好？常常是取決於對方看到我的第一眼，經由快速的個人主觀判斷，就成為他喜不喜歡我的重要依據了；同學們參加演講比賽或是朗讀比賽，評分的項目中，態度、儀表、禮貌至少佔有百分之十到二十的分數；作文也一樣，作者的儀表、態度、禮貌，呈現在作文書面的視覺效果上，形成評閱老師的第一印象。

書面

寫作文，字不一定要漂亮，但是一定要工整，字的大小約佔格子的三分之二，書面必須乾淨整齊，你說：「我很溫柔，但是字很醜！」唉呀，在你還沒有展現溫柔之前，恐怕你已經因為字醜而吃了悶虧了，儘管基測的評分說明一再強調，「字」的美醜與大小不影響評分，但是將心比心，試想一個評分的老師，一天八個小時，要評閱幾百份的作文，平均一、二分鐘就要看完一份試卷，連上個廁所回來都要重新測試，評分的疲倦與限時的壓力可想而知，更何況老師的年紀也不小啦，除了腰痠背痛，還有近視眼、老花眼，如果在你寫作的書面上，字醜難辨，筆畫凌亂，忽大忽小，又一直插字、插句、塗改、亂畫，當然會影響評閱的速度和流暢度啊，除非你的文章內容比別人更精采更豐富，才能在很短的時間內扭轉髒亂的第一印象，贏得評閱老師的青睞。

秘訣：乾淨、整齊，禮儀周到。

筆

因為基測作文的評閱，要先把同學們的作文卷進行掃描，再請老師們透過電腦的螢幕進行閱卷與評分，為了取得掃描後比較好的效果，所以規定要用黑色的筆寫作，畢竟掃描卷與原試卷有一點點視覺上的差距，如果掃描卷上的字跡潦草、字太小、筆色太淡、筆劃太粗，看起來都會很吃力，根據我閱卷的經驗和掃描的比較，最好用0.5粗細適中的黑色原子筆或鋼筆來寫作，掃描的效果最清楚。

秘訣：清晰、好看、方便閱讀，不傷老師的老花眼睛，才是有愛心的作品。

聖經中，雅歌第四章第七節說：我的佳偶，你全然美麗！毫無瑕疵！

這不僅是擇偶的期待，也是閱卷老師對作文書面的期待，毫無瑕疵，就是美麗。

配合圖像與同學們的作品，作實例的解說，就再清楚不過了。

第四式 貌　　　　　　痘疤 亂塗　　　　　字太小看不出字

5 作文必勝秘笈第五式：氣——標點像一口靈氣

人如果健康，吐納一定有節，氣勢恢弘，丹田有力；同樣的，文章要一氣呵成，文句要自然流暢，句讀就要節奏分明，換句話說標點符號的正確使用，好像為文章注入了一口靈氣，可以展現文字抑揚頓挫的情感之美，也可以彰顯作者字裡行間的意境之遠，否則斷斷續續，該停的不停，不該停的卻停了，讀起來文意不通，文氣不順，文命也就嗚呼哀哉難保了，想要拿高分，實在是挺難的！

標點符號

關於標點符號，最常見到的問題有使用錯誤、遺漏標點、過度使用、以及使用其他的符號等等，比如：媽媽說「秀才不出門，能知天下事」，說字的後面少了「：」冒號，而「事」的後面要加「。」句號；又如：真令我害怕！！！！同學為了強調害怕，用了四個驚嘆

號，其實只要用一個就夠了；此外，同學們打電腦打習慣了，常常使用創意的符號，例如：「我好快樂＞＜」，「我的天啊～」，事實上，標點符號中，並沒有「＞＜」和「～」的符號。

還要提醒同學們注意，一段論述結束，句末一定要加標點符號，可使用句號「。」、疑問號「？」、或是驚嘆號「！」，如果是引用或對話，也必須有下引號做結束，而引號「」各佔一格，破折號——要佔二格，不要疏忽了。

秘訣：正確、適當，有氧呼吸。

小故事：

從前，有一個男子年近四十歲仍未成親，眼看又要過年了，著急的父母親四處拜託媒人介紹小姐，又誇下海口，只要婚事能成，絕對大大酬謝媒人。

鄰縣有一位姑娘三十好幾了，也急著找婆家，這下媒人找上門，大家都喜孜孜地想要促成這段好姻緣，只是媒人一看到小姐，立刻倒抽一口大氣，老爺心知有難，但是無論如何也不能錯過這一次的機會了，就先塞了一個大紅包給媒婆，在她耳邊咕噥一句：「事成之後，還有大賞。」同時寫了一張紙條，告訴媒婆說：「如果對方問起小姐如何？你就把這張紙條拿給他看。」紙條的內容是：「麻臉沒有頭髮烏黑皮膚白白痴痴純情不論聘金少不了」。

果然，男方問起女子如何？媒婆拿出紙條，男子就唸了起來：「麻臉沒有，頭髮烏黑，皮膚白白，痴痴純情，不論聘金，少不了。」覺得非常滿意，父母親就立刻下聘，張羅婚事，歡歡喜喜地迎娶了新娘。

當夜，新郎醉眼迷濛，腳步踉蹌，跨進洞房，臉紅心跳，一手掀開新娘的蓋頭來，酒意立刻全消了，大叫：「我的媽呀！」就衝出房門，父母親正要更衣休息，一臉慌忙跟著衝過來，聽完兒子的哭訴，

進房把新娘看個明白，忍不住的怒氣使睡意全醒了，趕緊把帶著大把銀兩正要回家的媒婆給揪了回來，又拿出紙條，說要告媒婆詐欺，媒婆無辜地說，當初寫得清清楚楚，怎麼能說是詐欺呢？就大聲地唸給他們聽：「麻臉，沒有頭髮，烏黑皮膚，白白痴痴，純情不論，聘金少不了。」男子無可奈何！就這樣過了一生。

各位同學啊！標點符號的使用，竟然能影響一生美好的姻緣，怎麼能不謹慎小心呢？

聖經中，創世記第二章第七節說：耶和華神用地上的塵土造人，將生氣吹在他鼻孔裡，他就成了有靈的活人，名叫亞當。

原來，在創造時，人有氣有靈才是活人，同樣的，文章有氣有靈，才是一篇活的文章。

配合圖像、故事與作品，作實例的解說，同學們的印象就更深刻了。

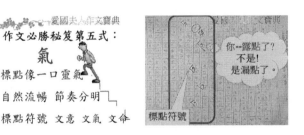

第五式　氣　　　　標點符號漏點啦　　　　標點符號的故事

6 作文必勝秘笈第六式：疤──輕狂致命的刀疤

書面不整頂多有礙觀瞻，塗改字句只不過影響閱讀，但是無關作文的圖文或標記，卻是致命的刀疤，嚴重影響評分的公平性。

任何標記或圖文

升學考試的作文評閱有非常明確的規定，如果考生在文中或試卷上的任何地方，顯露出作者的資料、特殊的符號、圖文或標記等，都要以〇級分計算。以這篇「一則新聞的啟示」為例，有人在上面計算消費券的金額，在題目旁邊寫作文的大綱，在各個地方寫了名字或校名，甚至有人寫完作文後很開心，在最後畫一個笑臉……，不管是疏忽也好，是輕狂也罷，這些致命的刀疤，代價都是〇級分。

秘訣：書面乾淨，不透露資料，保密防諜，人人有責。

聖經中，創世記第四章第十三節：該隱對耶何華說：「我的刑罰太重，過於我所能當的。」

該隱犯了大錯，無法承受嚴重的刑罰，萬一作文中有其他的標示，零級分，同樣也是許多同學無法承受的嚴重刑罰。

配合圖像與同學們的作品，作實例的解說，就更具有警示的作用了。

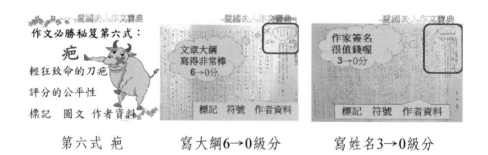

第六式 疤　　　寫大綱6→0級分　　　寫姓名3→0級分

7 作文必勝秘笈第七式：愛──心中有愛你最美

愛是連結人與人的最大力量，如果心中有愛，認真抒發我對人的憐恤，對國家社會的關懷，對地球環境的疼惜，就自然流露真實而真

摯的情感，有愛的文章最美，感動自己才能感動別人，也才能感動閱卷老師的心！如果說，文字的駕馭是技巧，結構的鋪陳是設計，書面的潔淨是修養，那麼文章的情感就是生命，文情並茂才是最耀眼的佳作。

秘訣：有愛最美。

聖經中，箴言第十章第十二節說：恨能挑起爭端，愛能遮掩一切過錯。

可見，愛有多大的功效！一篇文章，也要有愛，才有一切的功效啊。

配合圖像的解說，就更容易理解和記憶了。

第七式 愛

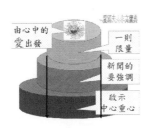

重點整理

故事

「愛國夫人作文寶典——基測作文的必勝秘笈」共有七式，就是心、人、衣、貌、氣、疤、愛。

心，就是來自心心的呼喚。指作文的審題，要先找到作文題目的中心與重心。

人，就是一篇作文如做人。指作文的結構與段落，要有金頭、銀胸、鐵腿與手、半鐵半泥腳。

衣，就是展現氣質與裝扮。指作文的字詞要正確，還要有流暢豐富的遣詞造句，和生動有創意的修辭技巧。

貌，就是讓人第一眼就愛上你。要給評閱老師第一的好印象，指

書面要乾淨整齊，筆劃的粗細，字跡的大小，要清晰、好看、方便閱讀。

氣，就是標點像一口靈氣。指要正確而適當的使用標點符號。

疤，就是輕狂致命的刀疤。指一定不能出現任何與作文無關的標記或圖文，一旦出現，按照規定都是以〇級分計算。

愛，就是心中有愛你最美。心中必須有愛，寫出來的文章才有感動人的力量，有愛的作文最美！

怎麼幫助同學們記憶重點呢？可以用諧音借義和情境串聯的學習策略，試想；有一對情侶要結婚了，新娘就是「新人」，都已經穿衣戴帽（頭紗）妝扮整齊，準備照相了，才發現臉上長了一顆大痘痘，摳破留下了一個傷疤，好生氣啊！新郎對她說：「沒關係，我愛你，你是我最美的新娘，因為有愛最美！」所以心、人、衣、貌、氣、疤、愛，就是：新人穿衣戴帽，準備照相，好氣臉上留下痘疤，新郎安慰說：「沒關係！有愛最美！」這樣同學們就記起來了！

接著，再根據基測作文的四個評分向度與標準，逐項說明，並用簡報展示各級分的代表作品，讓同學們知道怎麼寫才可以拿到高分。

評分的向度與
標準

評分的向度與
標準

基測作文六級分
範例

(三)作文的省思——我寫故我思

　　作文教學的省思，不只是強調老師教的省思，也強調同學學的省思。讓同學們想一想：我是怎麼寫作文的？我寫故我思；那麼下一次寫作時，同學們就可能會想一想：我要怎麼寫作文？我思故我寫，作文才能進步。作文的省思單，內容如下：

作文省思學習單

題目：　　　　　　　　　　　　　　　　　年　班　號　姓名

我的分數：　　　級分　　　　　　　　　　家長簽名：

一、審題

　題目的重點在：　　　　　　　　範圍或限制是：

　要先寫：　　　　　　　　　　　再寫：

二、分析與檢討

　我的優點是：

　需要改進的是：

三、老師講評和佳作賞析的重點有哪些？

四、針對老師的講評和佳作的賞析，我的省思或感想是？

五、為了加強作文能力，我的行動計畫是：

　　作文簡報講解結束之後，請同學們完成作文省思的學習單。

　　老師加以評閱，一個學期或一個學年，我會利用一節課，把其中一篇的作文和作文省思學習單一起發下，再快速播放作文教學的簡報，喚起同學們的記憶，接著，分開表揚作文和作文省思學習單的佳作，並請同學朗讀分享，老師加以賞析說明，然後，請同學們在放長假時，要按著自己所擬定的行動計畫，確實去做。

作文省思佳作表揚　　　作文省思佳作　　　作文省思佳作分享

三　作文教學的成效評估

七上的期初評量，考作文「一則新聞的啟示」之後，我進行了作文教學，包括：愛國夫人作文寶典，作文省思的學習單，作文連環訣等教學的活動。

下學期，第一次段考作文的題目是：一次難忘的旅遊。就前後二次的題目而言，雖然，前者的重點在啟示，後者的重點在旅遊的經驗，看起來差異頗大，但是就審題的角度來看，題目的結構「數量詞、形容詞、名詞」相似，而且，在引導寫作的部分，老師特別強調要寫出「難忘的」原因，和這一次旅遊經驗所帶來的心得、感想、學習、或影響，這幾乎與「啟示」相當了，只是所佔的篇幅比例不如前者多，儘管如此，我仍然嘗試以這二次的作文成績，進行教學成效的評估與檢討。

就三個班的同學，二篇作文「一則新聞的啟示」與「一次難忘的旅遊」，各級分的得分人數與百分比進行統計，表與圖的說明如下：

由附表 3-3-1 可以知道，就 703 班而言，第一次，最高分是五級分，有五人，佔全班人數的 15.2%，分數集中在三到四級分的，有二十五人，佔全班人數的 75.8%。第二次，最高分也是五級分，有三

人，佔 9.1%，雖然三到四級分的仍然是二十五人，佔 75.8%，但是，因為有兩個同學寫出名字和出現標記而得到零級分，就高分與低分的人數來說，略顯退步，曲線圖 3-3-1 如下：

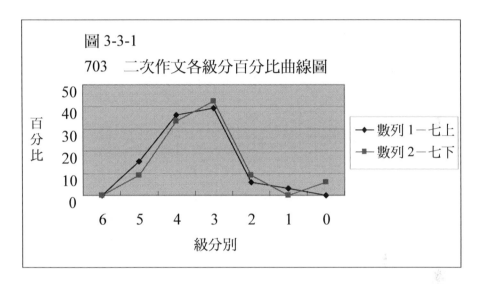

圖 3-3-1

703　二次作文各級分百分比曲線圖

百分比

數列 1－七上
數列 2－七下

級分別

　　由附表 3-3-1 可以知道，就 704 班而言，第一次，六級分和五級分的各有二人，各佔全班人數的 6.12%，分數集中在二到三級分的，有二十四人，佔全班人數的 74.8%。第二次，六級分的有三人，佔 9.1%，五級分的有一人，佔 3%，分數集中在三到四級分的，有二十九人，佔 87.9%，其中四級分的，所佔的比例達到 51.5%，沒有二級分以下的，進步最多，曲線圖 3-3-2 如下：

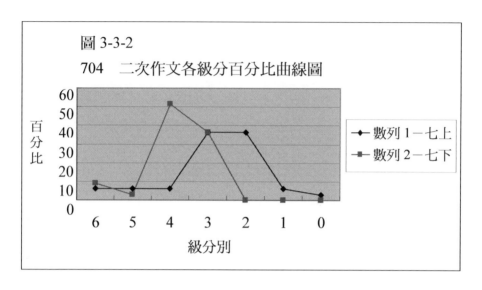

圖 3-3-2

704　二次作文各級分百分比曲線圖

由附表 3-3-1 可以知道，就 705 班而言，第一次，最高分是五級分，有二人，佔全班人數的 6.12%，分數集中在三到四級分的，有二十三人，佔全班人數的 69.7%。第二次，六級分的有二人，五級分的有三人，共佔 15.2%，分數集中在三到四級分的，有二十五人，佔 75.8%，而且，沒有一級分以下的，也是長足進步，曲線圖 3-3-3 如下：

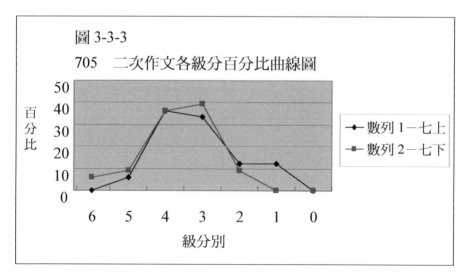

圖 3-3-3

705　二次作文各級分百分比曲線圖

　　由附表 3-3-1 可以知道，就三個班總體的得分而言：第一次，六級分的只有二人，佔三個班總人數的 2%，五級分的有九人，佔9.1%，三到四級分的有六十二人，佔 62.7%，零到二級分的有二十六人，佔 26.3%。第二次，六級分的有五人，佔三個班總人數的 5.1%，五級分的有七人，佔 7.1%，三到四級分的七十九人，佔 79.8%，零到二級分的有八人，佔 8.1%。比較的結果是：六級分增加三人，三到四級分的人數成長最多，零到二級分的人數明顯減少，曲線圖 3-3-4如下：

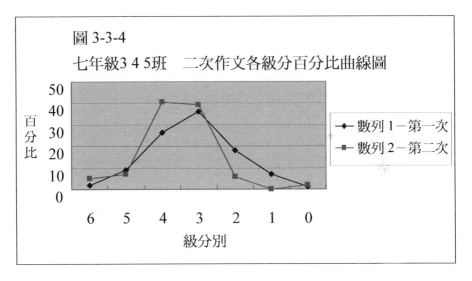

圖 3-3-4

七年級3 4 5班　二次作文各級分百分比曲線圖

　　當然要進行客觀的分析討論，首先要排除評分差異的影響，原來教務處彌封試卷時，雖然錯開了老師自己的任教班級，但是為了避免混亂，通常固定的班級給同一個老師評閱，基本上因此取得了評分一致性的條件，所以，根據數字的顯示，可以說總體的成績是有進步的。

　　我又試著從各班成績的變化，加上課堂上的觀察，比對作文省思單中審題部分的結果，進一步分析探討班級間的差異。

根據同學看完簡報之後，所填寫的作文教學省思學習單，其中，703 班能正確審題的比率有 51.5%，704 班有 87.9%，705 班有 72.7%，如圖 3-3-5 所顯示。

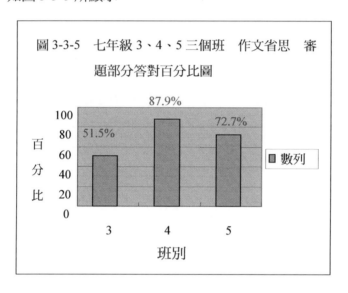

再比對考試作文的成績，在審題部分答對比例最高的四班，第二次作文的成績也進步最多，其次是五班，而三班在審題的部分表現最弱，成績也略為退步，可見：能不能正確審題？確實影響了作文的成績。

進一步分析，對於三班，國文課幾乎都排在第一節課，有時候，因為升旗等因素會遲到，所以上課的速度要加快，作文教學的時間也必須濃縮；又因為三班的同學們天真活潑，參與各項活動與競賽都表現優秀，但是，上課中有時也會「high」過頭，老師常常需要暫停講課以維持秩序，同學們的專注力也需要加強；加上作業缺交的人數比較多，收作業要花的心力和時間也相對增加；而且，有五個需要特別關懷的孩子。在班級特質和教學質量等因素的影響下，三班的作文能力需要再加強。

　　分析的結果提醒我，要放慢教學的速度，要讓同學們聽清楚了，也要評量同學們是不是真的聽懂了？現在三班上課的秩序已經明顯進步，還需要把握上課的時間，另外，我利用上課的課文，請同學們練習「解釋或說明」題目的涵義，找出各段落的大綱，並整理全文的重點，以此，進行如何審題和如何擬訂段落大綱的補救教學。

　　而四班，第一次因為整體得分偏低，同學們很緊張，看簡報時特別專心，寫省思單時尤其認真，加上班上有很優秀的作品，又有幾個同學的學習態度非常積極，都影響了其他的同學，所以呈現長足的進步。

　　五班，一直是認真乖巧，準時繳交各項作業的班級，雖然成績中等，但是聽課比較專心，也很努力完成作文省思學習單，所以持續進步中。

　　最感謝的是三個班的導師，不但鼓勵同學們寫日記、寫作文，還協助督導早自修的成語練習，甚至協助催交作業，導師是背後推動考試作文能進步的最大功臣。

　　對於成績優秀的同學，除了上台表揚、朗讀賞析、鼓勵投稿之外，也贈送「大補帖抵用券」，以及各種獎品的實質獎勵。

　　總之，作文課，可以學生草草寫、老師匆匆改，也可以循序漸進地教、慢工細活地學，需要有閒情逸致來啟發靈感，也需要分秒必爭的限時寫作，還需要費時、費心、費力的批改、整理、講評、賞析、觀摩與省思，甚至需要選擇一、二篇類似的題目，請同學們再做練習。

　　隨著國文課時數的減少，因為考試的課程有一定的進度，考試的範圍必須確實上完，要反覆練習各種的考題，又要擴展課外的閱讀，加上家長與學校極為看重分數，老師們無不集中「火力」在成績的衝刺上，最容易被犧牲、被忽略的，就是作文教學的數量與品質了。

　　所幸，升學考試加考作文之後，作文又紅了，家長又慌了，學校又不斷增加考試的作文了！

　　作文教學其實需要長期的耕耘，耐心的澆灌，面對現實中急著短期搶收的升學環境，老師們的堅持是辛苦而孤寂的！

　　然而，有許多默默努力的榜樣，所以，長相安全超級愛國的愛國夫人，深宮不怨哪！

　　──本文為作者之演講稿，經改寫增補後，收入本書。

附表

表 3-3-1　三、四、五班，七上、七下二次作文，
各級分人數與百分比統計表

七上期初評量　〈一則新聞的啟示〉													
級分% 人數 班號	6	%	5	%	4	%	3	%	2	%	1	%	0	%
三	0	0	5	15.2	12	36.4	13	39.4	2	6.1	1	3	0	0
四	2	6.1	2	6.1	2	6.1	12	36.4	12	36.4	2	6.1	1	3
五	0	0	2	6.1	12	36.4	11	33.3	4	12.1	4	12.1	0	0
總數	2	2.0	9	9.1	26	26.3	36	36.4	18	18.2	7	7.1	1	1
七下第一次段考　〈一次難忘的旅遊〉													
級分% 人數 班號	6	%	5	%	4	%	3	%	2	%	1	%	0	%
三	0	0	3	9.1	11	33.3	14	42.4	3	9.1	0	0	2	6.1
四	3	9.1	1	3	17	51.5	12	36.4	0	0	0	0	0	0
五	2	6.1	3	9.1	12	36.4	13	39.4	3	9.1	0	0	0	0
總數	5	5.1	7	7.1	40	40.4	39	39.4	6	6.1	0	0	2	2.0
增減	3	3.1	-2	-2	14	14.1	3	3	-12	-12.1	-7	-7.1	1	1

教學回應表

　　同學們畢業前夕的最後一節課，在國文特科教室裡播放照片和影片，師生一起回顧三年來教與學的酸甜苦辣，當他們看到七年級又圓又矮的上台照片，總是互相指指點點笑得前仰後翻。

　　最後，花十分鐘，請同學們填寫老師教學的回應表，內容有三大項：一、我是觀察者，請同學們就老師的教學進行觀察與評估。二、我是參與者，請同學們表達實際參與教學活動的感受與回應。三、我的話，請同學們陳述心得、感想、意見與建議。

畢業前夕教學回顧

同學填寫教學回應表　同學填寫教學回應表

　　以九十七年畢業，我擔任三年導師的九年五班為例，全班共有三十個人，有二個同學誤解選答的方式，先勾選檢核重點，然後在後面打同意，我以三分作計算，另外，有一個人勾選不全沒有寫完，算為廢卷，所以，就用二十九份回應表作為資料加以整理與統計。

一　我是觀察者

這部分有三大項目，共有十七個檢核的重點，請同學們根據老師教學的實況，在選項下打✓，勾選非常同意是五分，很同意是四分，同意、不同意、非常不同意，依此類推是三分、二分、一分，統計時，計算出每一個檢核重點和每一大項的總分和平均得分，分析與討論時，只列出平均分數，並將文字敘述的部分整理出來，結果說明如下：

（一）教材呈現

教材的呈現有三項指標，共有九個檢核的重點，整體的平均分數是 4.19 分。

1 第 1-1 項，指標「適切呈現教材」：有二個檢核的重點。
　（1）「充分掌握單元的教材內容」，平均分數是 4.03 分。
　（2）「由淺入深、具邏輯性呈現教材」，平均分數是 4.0 分。

2 第 1-2 項，指標「善用教科用書」：有二個檢核的重點。
　（3）「有效連結學生相關的新舊知識」，平均分數是 4.1 分。
　（4）「依學生的學習表現提供補充教材，依學生的學習表現適切調整教學的內容」，平均分數是 3.9 分。

3 第 1-3 項，指標「清楚呈現教學的內容」：有五個檢核的重點。
　（5）「音量足夠，發音咬字，清楚、清晰、生動」，平均分數是 4.37 分。
　（6）「適當運用肢體語言表達教學內容」，平均分數是 4.43 分。
　（7）「正確而清楚地講解重要概念」，平均分數是 4.17 分。
　（8）「適時歸納學習重點」，平均分數是 4.2 分。
　（9）「板書正確工整有條理」，平均分數是 4.5 分。

具體的文字敘述有：適當運用肢體語言在永字八法；生動、印象

又清晰；筆記豐富，字超級美的，肢體語言，表達清晰；常用故事的方式，讓我知道單元內容，會發些講義，老師字超工整的；字漂亮；very 同意；生動有經驗；音量，罵人時太足夠了。

（二）教學方法

教學的方法有一個指標，四個檢核的重點，整體的平均分數是 3.98 分。

1 第 2-1 項，指標「運用有效的學習方法」。

（10）「教學進程能有效掌控教學的時間與節奏」，平均分數是 4.07 分。

（11）「善用問答技巧（如提問、候答、傾聽、澄清）」，平均分數是 4.07 分。

（12）「依教材性質選擇適切的教學方法」，平均分數是 4.07 分。

（13）「依學生學習的特性選擇適切的教學方法」，平均分數是 3.7 分。

具體的文字敘述有：計畫好考試表；very 同意；ya。

（三）學習評量

學習的評量有一項指標，四個檢核的重點，整體的平均分數是 4.13 分。

1 第 3-1 項，指標「適切實施學習評量」。

（14）「學習評量題型多元」，平均分數是 3.97 分。

（15）「評量方式多元（實作、發表……。）」，平均分數是 4.13 分。

（16）「適時檢視學生的學習進行評量」，平均分數是 4.07 分。

（17）「能確實訂正並督促學生訂正」，平均分數是 4.5 分。

具體的文字敘述有：能確實訂正，因為大補帖收很多；多做不同的題目，錯就罰寫；very 同意。

以上共有十七個檢核的重點，總平均分數是 4.13 分。

同學們對於老師教學的回應，以三大項目來看，在「教材呈現」、「學習評量」的部分，平均分數都超過「很同意」的四分以上，在「教學方法」的部分，平均分數 3.98 分，超過「同意」的三分，未達到「很同意」的四分。

再以十七個檢核重點來看，老師的「板書正確工整有條理」，「能確實訂正並督促學生訂正」，「音量足夠，發音咬字，清楚、清晰、生動」，和「適當運用肢體語言表達教學內容」，得到同學們的肯定；而「依學生的學習表現提供補充教材，依學生的學習表現適切調整教學的內容」，「依學生學習的特性選擇適切的教學方法」，和「學習評量題型多元」，則是同學們期待老師能夠進步的重點，換句話說，同學們希望在教材和教學的內容、教學的方法、以及評量的題型上，老師能夠更落實個別差異的需求，實施更多元化的教學。

十七個檢核重點的平均得分，如下圖 4-1-1 所示：

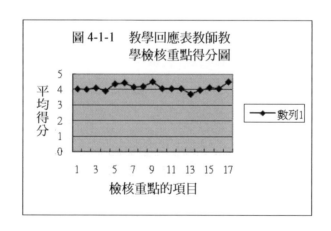

圖 4-1-1　教學回應表教師教學檢核重點得分圖

二　我是參與者

　　我把三年來，所實施過重要的教學活動進行編號作為選項，選項包括：一、小組報告與分享。二、上台當老師。三、標點符號排字卡。四、詩詞曲韻文，情境繪圖與分享。五、詩詞曲韻文，背誦比賽。六、詩詞曲韻文，書卡製作。七、詩詞曲韻文，吟唱錄音。八、作文連環訣，體驗、詞語、修辭、作文等活動。九、作文賞析與講評，優秀作品分享與展示。十、電腦作文，作文打字。十一、影片欣賞。十二、生命長河。十三、新詩朗誦。十四、成語大考驗與比手畫腳。十五、作者生平。十六、整理補充，重點筆記。十七、考試與訂正。十八、背解釋、課文以及教材的重點。十九、各項的競賽與投稿。二十、環境的佈置——國文天地。二十一、其他。等等。

　　請同學們針對問題填上選項的號碼，每一題最多可以填寫三個選項。

　　為了更具體地瞭解與評估，我記下同學們在每一題所填選項目的總數，亦即，如果某一題，每一個同學都填了三個選項，就有三乘以二十九共八十七個選項被填寫，再以每一個選項被填寫的次數，由多而少進行排序，而同學們用文字敘述的部分，我加以分類和歸類之後，計算次數，也是由多而少進行排序，統計的結果整理如下：

（一）我印象最深刻的三個項目

　　這一題，共有八十七個選項被填寫，按照次數的統計，同學們覺得印象最深刻的項目是：一、小組報告與分享。七、詩詞曲韻文，吟唱錄音。十一、影片欣賞。其次是：十六、整理補充，重點筆記。十七、考試與訂正。二十、環境的佈置——國文天地。

　　主要的原因有：活潑、輕鬆、有趣、好玩、喜歡（7人）；印象深

刻、體驗、深度、參與、了解（7人）；新奇、特別、以前沒有（3人）；要背、練習整理重點、對學習考試有幫助、付出與收獲、學到上台、考好（3人）；花時間、辛苦、麻煩、累（3人）。

　　可見，同學們對於新奇有趣、很重要、很辛苦、需要付出心力去完成的課程或活動，感到印象深刻。統計圖4-2-1如下：

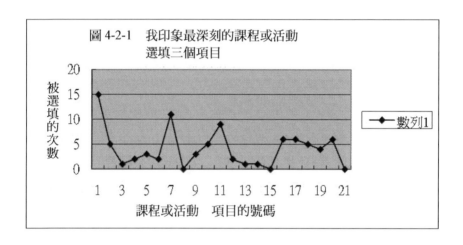

圖4-2-1　我印象最深刻的課程或活動
　　　　　選填三個項目

（二）我最喜歡的三個項目

　　這一題，共有八十三個選項被填寫，按照次數的統計，同學們覺得最喜歡的項目是：十一、影片欣賞。二十、環境的佈置——國文天地。九、作文賞析與講評，優秀作品分享與展示。其次是：四、詩詞曲韻文，情境繪圖與分享。一、小組報告與分享。

　　主要的原因有：活潑、輕鬆、有趣、好玩、喜歡（21人）；新奇、特別、以前沒有（4人）；簡單（3人）；專長、興趣、得心應手（3人）。

　　可見，同學們最喜歡新奇有趣、活潑、自己興趣或專長所在，以及輕鬆、簡單的課程或活動。統計圖4-2-2如下：

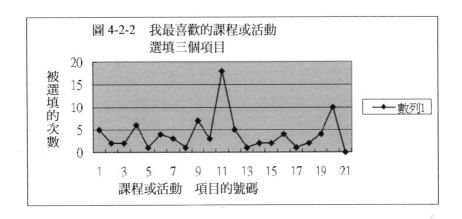

（三）我最有收獲或進步的三個項目

　　這一題，共有八十六個選項被填寫，按照次數的統計，同學們覺得最有收獲或進步的項目是：十六、整理補充，重點筆記。十七、考試與訂正。十八、背解釋、課文以及教材的重點。其次是：一、小組報告與分享。十九、各項的競賽與投稿。

　　主要的原因有：要背、練習整理重點、對學習考試有幫助、付出與收獲、學到上台、考好（27 人）；印象深刻、體驗、深度、參與、了解（3 人）

　　可見，實作、主動參與、付出心力、以及學到學習的方法、得到實質的成績進步的課程或活動，讓同學們感到最有收獲或進步。統計圖 4-2-3 如下：

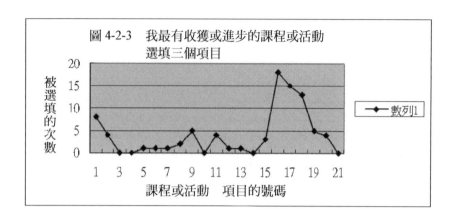

圖 4-2-3　我最有收穫或進步的課程或活動 選填三個項目

（四）我覺得最痛苦的三個項目

　　這一題，共有八十五個選項被填寫，按照次數的統計，同學們覺得最痛苦的項目是：十八、背解釋、課文以及教材的重點。十七、考試與訂正。一、小組報告與分享。其次是：七、詩詞曲韻文，吟唱錄音。十四、成語大考驗與比手畫腳。十、電腦作文，作文打字。

　　主要的原因有：花時間、辛苦、麻煩、累（19人）；緊張、痛苦、害羞、傷腦筋、能力不好（8人）；不喜歡、沒經驗、恨背、錄音、投稿（6人）；難背、懶得背、懶得抄、懶得動（3人）。

　　可見，需要花時間，很辛苦，有壓力、情緒上緊張或害羞，能力上不足，與缺少學習的意願的課程或活動，會讓同學們感到最痛苦。統計圖4-2-4如下：

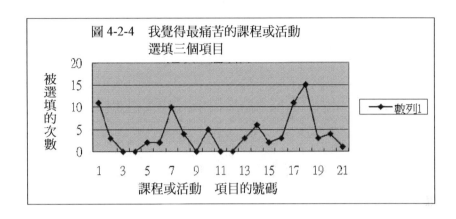

圖 4-2-4　我覺得最痛苦的課程或活動
選填三個項目

（五）我付出最多或最辛苦的三個項目

這一題，共有八十三個選項被填寫，按照次數的統計，同學們覺得付出最多或最辛苦的項目是：十八、背解釋、課文以及教材的重點。一、小組報告與分享。十七、考試與訂正。其次是：七、詩詞曲韻文，吟唱錄音。二十、環境的佈置──國文天地。

主要的原因有：花時間、辛苦、麻煩、累（19人）；要背、練習整理重點、對學習考試有幫助、付出與收穫、學到上台、考好（5人）；緊張、痛苦、害羞、傷腦筋、能力不好（3人）。

可見，很辛苦、花時間、很重要、有考試的壓力或能力不足的課程或活動，會讓同學們感到最多的付出或最辛苦。統計圖4-2-5如下：

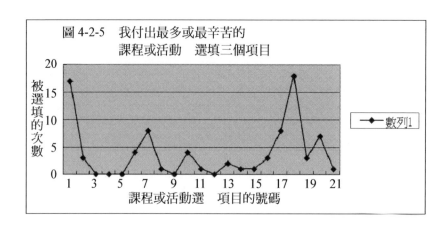

圖 4-2-5　我付出最多或最辛苦的
　　　　　課程或活動　選填三個項目

把五題的結果做整理和比較，由表 4-2-1 可以看出：同學們喜歡輕鬆活潑的視聽課程，喜歡上台動口說、開口唱，喜歡展現動手寫、動手做的成品；考試與課業的要求則帶來痛苦與壓力；也顯示參與意願高、有成就感、付出最多的項目，進步也最多。但是如果不會做或做不好，就會產生焦慮和緊張。而一、小組報告與分享。入圍五個項目，堪稱是令人又愛又恨的最大贏家！

表 4-2-1　學生參與課程與活動　感受項目統計表

問題　　　　　　　　選項	（一）印象最深刻的	（二）最喜歡的	（三）最有收獲進步的	（四）最痛苦的	（五）付出最多最辛苦的
01 小組報告與分享	✓	✓	✓	✓	✓
17 考試與訂正	✓		✓	✓	✓
07 詩詞曲韻文，吟唱錄音	✓			✓	✓
20 環境佈置——國文天地	✓	✓			✓
18 背解釋、課文以及教材的重點			✓	✓	✓

問題　　　　選項	(一)印象最深刻的	(二)最喜歡的	(三)最有收獲進步的	(四)最痛苦的	(五)付出最多最辛苦的
11 影片欣賞	✓	✓			
16 整理補充、重點筆記	✓		✓		
09 作文賞析講評優秀作品分享展示		✓	✓		
19 各項競賽與投稿			✓		
10 電腦作文，作文打字				✓	
14 成語大考驗與比手畫腳				✓	
04 詩詞曲韻文，情境繪圖與分享		✓			

三　我的話

我的話，包括二大部分。

(一) 心得或感想

同學的回應，摘錄幾則如下：

> 從前不喜歡上台表演演講，經過訓練、培養勇氣，現在熟能生巧，老師默默培養我們的能力，謝謝！

> 嗯！很喜歡上國文，因為可以聽很多故事，嘗試做沒做過的事，很充實。

> 上國文課常要準備很多功課，可是卻都很精彩，有些甚至

讓我們永生難忘，希望每堂國文課都能如此充實。

走過三年，充滿歡笑與淚水，國文課佔了三年課程的大部分，老師的用心、細心都讓我對國文有更深一層的興趣，雖然大家常抱怨功課訂正多，但也因為反覆的練習讓大家在國文領域交出了一張還不錯的成績單，其實很感謝老師，不只是在國文方面，許多做人處事的道理，也都因為老師的開導，有了不同的觀點和看法！要畢業了！我會想念「大補帖」的，謝謝老師！

三年了，閉上雙眼，時間彷彿還在那間 705 大教室逗留，想到會很懷念，當初對於國文、作文，我還不是很厲害，經過這段時間，國文分數爬上來，就像捷克的魔豆般，越長越高，作文也是從五級開始，一次、二次，終於和六級分見面，長期在高處的人一定不懂那感覺，那是種感動！越爬越高，一步一腳印，直到今天，許多同學也來問我問題，我似乎看到從前的我，如今成績上升了，心態卻不變，感謝在這科目上，一直陪伴的老師、同學，沒有大家，我只會待在原地，謝謝三年的教導。

解釋跟課文很難背，上課很想睡覺。

雖然每次上課都要做很多事，報告之類的啊！很麻煩，每次都用很久，不過還是有幫助啦！感謝老師這幾年的教導，雖然有時您對我們很兇，不過我知道您是對我們很好，所以謝謝您！

（二）給老師帶下一個班的建議

這部分呈現兩極的現象，例如：關於作業與懲罰的方式就有不同的意見，包括：再兇一點（3人），保持現狀（7人），少記警告，廢除大補帖作業（5人），維持大補帖作業（7人），增加大補帖作業（1人）。另外有一人，希望上課去爬山或增加趣味等。

也摘錄幾則如下：

> 要繼續加油，學生一屆比一屆難教，還要去除大補帖這個處罰（好主意）。

> 哇！不知道老師還會再帶班，那你要買新麥克風和喉糖囉！

> 少罰大補帖、少記警告、少把睡覺的叫起來。

> 嚴格點吧！嚇死學弟妹們！（耶！爽耶！叫他們抄一百遍大補帖吧！）

> 嘿嘿！其實抄大補帖沒有真的會有印象，可以結合新招，加油啦！

> 多抄大補帖，讓你精神充沛。

教學回應表，是教學的回顧，喚起同學的記憶，是教學的回饋，挑戰老師的心臟；不但可以具體評估老師的教學，也可以確實反映同學的感受；更重要的是，透過統計分析幫助我省思並調整自己的教學。

　　首先是補充教材的增補與刪減；考卷的題型上，也加入配合題等更多元的題型，並調整難易度的比例，減少解釋的題數；針對學習比較緩慢的同學，也減少考卷訂正的量，甚至針對特殊的同學，只要求家長簽名，不要求訂正考卷。

　　其次是小組的報告也逐步減少，下一屆可能再調整。

　　為了讓國文課更活潑、更多元，幾經思索，在教學方法與教學活動上，我嘗試教學的電子化，這部分在國文 e 花園中有詳細的說明與呈現。

　　──本文獲得「臺北市第八屆教育專業創新與行動研究：經驗分享類──雙十年華　國文正青春」特優（2007年）、曾發表於「臺北市九十六年度國民中學提升學生國語文能力成果發表會」，今增補改寫後，收入本書。

教與學共舞

這是一份有效教學的教案設計與教學活動。

臺北市一○二年度國民中學「有效教學教案設計」教學計畫書

單元教學活動設計教案內容架構圖

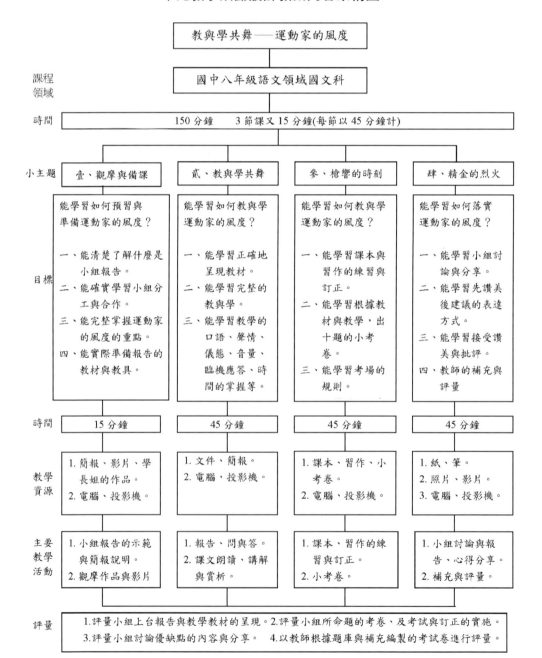

	教與學共舞——運動家的風度

課程
領域　國中八年級語文領域國文科

時間　150 分鐘　　3 節課又 15 分鐘(每節以 45 分鐘計)

小主題	壹、觀摩與備課	貳、教與學共舞	參、槍響的時刻	肆、精金的烈火
目標	能學習如何預習與準備運動家的風度？ 一、能清楚了解什麼是小組報告。 二、能確實學習小組分工與合作。 三、能完整掌握運動家的風度的重點。 四、能實際準備報告的教材與教具。	能學習如何教與學運動家的風度？ 一、能學習正確地呈現教材。 二、能學習完整的教與學。 三、能學習教學的口語、聲情、儀態、音量、臨機應答、時間的掌握等。	能學習如何教與學運動家的風度？ 一、能學習課本與習作的練習與訂正。 二、能學習根據教材與教學，出十題的小考卷。 三、能學習考場的規則。	能學習如何落實運動家的風度？ 一、能學習小組討論與分享。 二、能學習先讚美後建議的表達方式。 三、能學習接受讚美與批評。 四、教師的補充與評量
時間	15 分鐘	45 分鐘	45 分鐘	45 分鐘
教學資源	1. 簡報、影片、學長姐的作品。 2. 電腦、投影機。	1. 文件、簡報。 2. 電腦、投影機。	1. 課本、習作、小考卷。 2. 電腦、投影機。	1. 紙、筆。 2. 照片、影片。 3. 電腦、投影機。
主要教學活動	1. 小組報告的示範與簡報說明。 2. 觀摩作品與影片	1. 報告、問與答。 2. 課文朗讀、講解與賞析。	1. 課本、習作的練習與訂正。 2. 小考卷。	1. 小組討論與報告、心得分享。 2. 補充與評量

評量　1.評量小組上台報告與教學教材的呈現。　2.評量小組所命題的考卷、及考試與訂正的實施。
　　　3.評量小組討論優缺點的內容與分享。　　4.以教師根據題庫與補充編製的考試卷進行評量。

單元教學活動設計表					
單元名稱	教與學共舞 ——運動家的風度	班級	八年九班	人數	29 人
教材來源	翰林版國文八上課本與習作	時間	150 分鐘／3 節課又 15 分鐘		
設計理念	一、請說明你所要教學的「單元主題大概念」為何？ 　　教師進行「運動家的風度」這一課的教學，單元主題的大概念，主要有三方面： （一）認知方面： 　1 了解什麼是「運動家的風度」。 　2 認識作者羅家倫的生平事蹟。 　3 認識這一課的生難字詞、分辨形音義的比較、熟練重要的修辭、賞析課文的內涵與旨趣。 （二）能力方面： 　1 能學習小組的分工合作，收集資料、製作教材。 　2 能上台清楚而完整的報告。 　3 能編製有重點、有各種題型的考卷，能注重考試的規則並確實訂正。 　4 能透過小組的討論，正向地表達、溝通與分享。 　5 培養能欣賞、批判、省思的能力。 （三）情意方面： 　1 能培養運動家的風度。 　2 能在學習中，落實「運動家的風度」。 二、請說明其他相關設計理念或想法為何？ 　　小組教學是學習共同體的教學，我的設計理念是： （一）全班來運動： 　1 讓老師與學生在教學的舞台上，並列成為主角，讓「教」與「學」翻轉共舞，讓學生的學也在教，老師的教也在學，讓師生都能參與教學，是我秉持的教育理念。 　2 小組的教學，強調每個人都要參與，學習分工合作，藉由					

腦力激盪激發創意，從準備教材、上台報告、練習出題與考試、小組的討論與分享，每一個人都有機會秀出自己、都必須學習負責，也都可以被鼓勵讚美，或被建議要求進步，讓每一個學生都能參與學習，就像在運動場上，有團體與個人的競賽，有各種的運動項目，就是希望每一個人都來參與運動，都有機會上場。

（二）台下十年功：

1 有樣學樣作業不難，事前藉由教師的示範、簡報的說明、學長姐作品的觀摩，清楚而明確地讓學生知道怎麼做，減輕孩子做作業的壓力。

2 機會是給準備好的人，讓學生學習上台之前要有充分的準備，不但要事先預習並熟悉教材，要與小組討論如何分工合作、要學習與人溝通協調、要認真收集補充資料，要努力構思如何來呈現教材，還要經過嘗試錯誤與練習。

3 要養成守時的好習慣，必須準時繳交作業。

4 教師要給學生足夠的時間準備。

（三）場上顯神通：

1 強調「學習方法」的學習，填鴨教材不如教學生如何學習教材，學習抓重點，學習地毯式搜尋的技巧，學習如何自己學習。

2 上台報告可以達到觀摩與自省的學習，因為從所預備的資料，就能看出個人的學習態度，站上講台的那一刻，還可以練習合宜的儀態與風度，練習掌控適當的音量與聲情，還要學習正音與正確的板書。透過觀摩，想想自己，省思的學習，可以幫助孩子下一次的上台就更進步了。

3 上台報告的小組教學，讓學生體驗教學相長的義涵：教別人，就是幫助自己學得更好。

（四）趣味與活力：

1 活動安排趣味化，盡量讓孩子自己發揮，展現活力，教師從旁引導。

2 方便在教室進行的團體學習。

	（五）運動家的風度： 師生共同學習並落實運動家的風度。 君子之爭：強調小組的分工合作與競爭，考試的公平與訂正。 服輸的精神：學習接受讚美與批評，學習對別人善意的肯定與建議，能欣賞比自己認真優秀的人。 超越勝敗的心胸：學習凡事要認真準備，重視學習的過程，不要太在意成績。 貫徹始終的態度：言必信──適當的要求必須堅持；行必果──教學的活動要周延完整。
學生學習 條件分析	一、請說明學生起始行為或能力。 　　809 是我八年級才接的班級，一開始就採取小組的方式進行教學與活動，例如分組的古詩吟唱、作文連環訣等，有分組上課和上台表演的舊經驗，各小組成員之間已經建立了熟識的關係和良好的默契，加上整個班級的氣氛活潑好動，同學們平常的言語就很直接而犀利，彼此的信任感和接納度是夠的，足能勇於接受評論。 　　經過教師教了十課的教學示範，同學們對於教學的步驟與重點已經熟悉了，再透過簡報與影片的說明，並觀摩學長姐的作品，同學們對於如何製作教材有明確的概念。 　　至於，編製考卷的部分。可以參考教師編製的每一課考卷，而考場的規則、訂正考卷的流程與方式，同學們都已經習慣了。 二、請說明實施後學生的產生的學習問題為什麼？ 針對這些你想修正或增強教案的哪一部分或方式為何？ 　　實施後同學們產生的學習問題有： 　　有人缺交作業，全班因此遺漏他報告的部分，他事後補交了，但是只能倉促簡單的補充，又有人在上課之前才匆忙裝置隨身碟，上課時就顯得凌亂而慌張了。

	所以，下學期時我就提早收作業，缺交作業的寫聯絡簿，記一次缺點，使小組報告所需的教材和資料，在上台報告之前就全部收齊了，並且按照報告的先後次序整理好，同學直接使用老師的電腦，就可以上台報告了。
	有的同學編製的簡報或文件檔的字體太小了，或者顏色太淡了，以至於坐在後面的同學說看不清楚，所以，第二組報告之前，教師就明確建議，字號要用五十四號到六十號字，顏色盡量用黑、紅、藍等鮮明的色彩。
	課文賞析的部分，比較零碎不完整，下學期時，請同學先說明段落大意。
	有人上台報告的聲音比較小聲，除了現場立刻提醒之外，後來在同學上台之前就先提醒，有很大的改善。
	有人找的資料比較不完整，比如不清楚什麼是形音義的比較，教師在說明時請同學參考習作的練習，並在上其他課時，以範例做清楚的講解。
	最後是試題的爭議，有一組的試題中，有一題連鎖題，太細瑣了，出自課文賞析的部分，而且配分與記分不夠明確，以致產生爭議，因此，下學期時，小考試卷的題型、配分都先明確的說明，而且，考卷要先給老師看過，調整後再油印。
能力指標	請寫出指標全文。 一、了解自我與發展潛能 二、欣賞、表現與創新 四、表達、溝通與分享 五、尊重、關懷與團隊合作 七、規劃、組織與實踐 八、運用科技與資訊 十、獨立思考與解決問題
單元目標	請以學生學習為核心，說明預期之學習目標。

壹、 觀摩與備課	能學習如何預習與準備運動家的風度？ 一、能清楚了解什麼是小組報告。 二、能確實學習小組分工與合作。 三、能完整掌握運動家的風度的重點。 四、能實際準備報告的教材與教具。
貳、 教與學共舞	能學習如何教與學運動家的風度？ 一、能學習正確地呈現教材。 二、能學習完整的教與學。 三、能學習教學的口語、聲情、儀態、音量、臨機應答、時間的掌握等。
參、 槍響的時刻	能學習如何教與學運動家的風度？ 一、能學習課本與習作的練習與訂正。 二、能學習根據教材與教學，出十題的小考卷。 三、能學習考場規則。 四、能學習訂正考卷。
肆、 精金的烈火	能學習如何落實運動家的風度？ 一、能學習小組討論與分享。 二、能學習先讚美後建議的表達方式。 三、能學習接受讚美與批評。 四、教師的補充與評量。

教 學 歷 程

節數	具體目標	教學活動	教學資源	時間	評量	備註
壹、 15 分 鐘	B-2-2-3(1) B-2-1-9	觀摩與備課 一、利用簡報、照片、 　　影片、作品說明什	電腦 投影機 簡報	4 分	口頭問答	講 述 法

	C-3-1-4(1) C-1-1-4	麼是小組報告以及 要如何報告？ 二、說明	照片 影片 作品		7分	
	D-1-1-1 E-1-1-1 E-1-2-2 E-2-3-2(1) E-1-2-9 E-2-3-2(2)	（一）小組報告的內容 有：生字、形、 音、義辨別、作 者、課文的朗讀與 講解、習作和課本 作業的訂正等， （二）全組並要合作出 一份包括選擇、生 字、填充、解釋共 十題的考卷，由同 學負責監考、訂正 解析、收卷檢查、 請同學簽訂等。				
	B-2-2-10(1) C-2-3-8(1)	三、請小組長當場分配 每一個成員的工作 並報告。 四、請同學實際編製教 材，時間有三個星 期，用隨身碟儲 存。			4分	小組長報 告組員分 工表
貳、 45分 鐘	C-2-3-8(1) D-1-1-1 E-1-1-1 E-1-2-2 E-2-3-2(1)	教與學共舞 一、請同學上台報告， 並注意報告內容的 正確性。 二、報告的次序是生 字、形音義的辨 別、作家介紹、課	電腦 投影機 簡報 照片 文件資料 照相機		45分	實作報告 作業評量	合 作 教 學 法

	E-1-2-9 E-2-3-2(2) C-1-4-9(1) C-2-3-7(1) C-3-1-2(1) C-3-3-7(2) C-3-4-10(2)	文朗讀與賞析，進 行完整的教與學。 三、教師稱讚並提醒同 學要注意教學的口 語聲情、儀態、音 量、臨機應答、時 間的掌握等。			照相錄影
參、 45分 鐘	D-1-1-1 E-1-1-1 E-1-2-2 E-2-3-2(1） E-1-2-9 E-2-3-2(2)	槍響的時刻 一、負責的同學請同學 練習課本與習作的 作業，並用簡報確 實訂正。 二、小組根據教材與教 學，出十題的小考 卷。由小組長負責 發考卷、監考、同 學互改、訂正、收 考卷、請同學回家 簽訂，再收回登記 成績。	課本 習作 簡報 小考卷	20分 25分	作業練習 筆試
肆、 45分 鐘	C-3-4-10(1) C-2-2-2 C-3-1-4(2) C-3-2-4(2) C-2-3-4 E-2-4-7 D-1-1-1 E-1-1-1	精金的烈火 一、播放小組報告的照 片與影片。 二、小組討論、分享、 報告。 三、教師明定先讚美後 建議的表達方式， 而且讚美不能少於 建議。	電腦 投影機 照相機	5分 15分	欣賞 小組討論 分享報告	小組討論教學法

E-1-2-2 E-2-3-2(1) E-1-2-9 E-2-3-2(2)	四、說明能尊重不同的看法，能勇於接受讚美與批評就是運動家的風度之一。			
	五、教師補充與評量。	25分 課後	筆記 筆試	講述法
	六、考卷整理，成績登錄，分析同學精熟的部分，需加強補救的部分。 同時發現小組報告的同學，成績明顯進步。			

評量——評量試題、學生作業設計說明

一 小組報告的作業

（一）小組報告的實作作業，就是小組成員合作，以完整的流程與內容，完成一課白話文的課程。

（二）呈現的方式，可以用海報、簡報或文件檔，所以，即使家裡沒有電腦的同學也能完成。

（三）作業的內容，可以參考課本和習作，也可以利用網際網路找資料或圖檔照片等，並提醒同學：1、尊重智慧財產權，請同學學習標明出處。2、注意下載的安全性。

（四）報告的分數，以九十分為基本分，除了錯字或讀錯音扣一分之外，其他的像：準時交、資料正確、完整、報告正確清

楚、上台有禮貌、呈現方式有創意、團體合照等,都可以加分,總分可能超過一百分。

二　課本與習作的練習

（一）課本與習作的應用練習是教材編訂的一部分,除了可以幫助同學們掌握學習的重點,也有廣度與深度的擴充學習,可以奠定學生的基礎學習。

（二）所以,請同學們回家先作預查與練習,答案不要寫在上面,到學校時再作練習,以此督促學生能確實理解與記憶。

（三）事先可以自己練習、找答案或和同學一起討論,幫助學習雖然較弱勢卻願意努力的學生也可以拿高分與滿分,不但得到了成就感,又能提高整個學期的平常成績。

三　老師命題的考卷

（一）教師根據教材、補充的資料、題庫,自行編製考卷,並製作電子檔的解析卷,字號約六十六號到七十號字,方便試題的講解與學生的訂正。

（二）考試的目的在評量學生學習的成效,觀察學生優勢的項目與弱勢的部分,以及時進行訂正與補救教學。

四　小組命題的考卷

（一）為了讓學生學習如何整理重點,學習命題的原則,體會評量的目的與命題者的思考過程,並學習考試的規則與訂正的方式,所以,請小組組員合作,出一份試題。

（二）試卷的題型,只有選擇、生字、填充、解釋四種,總共十題,題目的敘述要清楚,答案要很明確,出題以課本與習作

　　為範圍，避免太艱澀或太細微的題目，配分與記分要簡單。
（三）教師設計的原則是：
　　簡單——學生有能力完成。
　　趣味——同學當老師出題目很有成就感，也很有趣味。
　　責任——要為題目負責，為考試的公平性與正確訂正負責。
　　完整——評量使教學更完整，知道學生學習的成效，發現學
　　　　　　生學習的優勢與不足，做為補救教學的根據之一。

　　　　教師的試卷　　　　　教師訂正與解析　　　　小組命題的試卷

教學省思

　　教書邁入第二十七年，在班級經營上，如值日生輪值、班會主席排等；在教學上，如情境繪圖、詩詞吟唱、作文萬花筒等，運用小組的學習將近二十年了，其中，以小組報告的運作最辛苦，對於課程要如何進行？如何收作業？如何掌握上課的時間？都需要反覆思考並調整。

　　這次的教學，除了前文所說明的「實施後，學生產生的學習問題為什麼？針對這些你想修正或增強教案的哪一部分或方式為何？」之外，省思如下：

　　小組報告的安排，是將全班的同學分成四組，上、下學期各挑二課白話文，每一組負責報告一課，每一個人都參與，同學有三個星期的準備時間，在作業的份量與壓力上，是可以充分承擔的。

　　從小組的參與中顯示，每一個人都很認真準備教材，有一個同學雖然作業缺交，但是上課時，他的參與度很高，事後也補交作業了。

　　而教師的教學簡報，把學生的作品錄製成電子檔，不但方便展示與觀摩，更減輕部分同學「不會做」、「不知道該怎麼做」的壓力，畢竟有樣學樣，作業就不難；而且激發同學更上一層樓：「怎麼做，可以做得更好？」的企圖心與創意，教學的效果看得見。

　　因為，一組比一組做得更好，不但製作的教材越來越正確、精緻、豐富，上台報告的音量、台風也越來越穩健，連小組出題、監考都很有老師的架勢，優秀作品的比例提高，所以整體的成績也提高了。

　　而教學活動的攝影，立刻播放立刻回饋，同學可以立刻調整，甚至有的同學主動要求重來一次，除了增添學習的「效果」，更帶來意外的「笑果」，讓同學之間的感情更溫馨了。

　　進行小組報告的同學，在老師評量的試卷中明顯進步，尤其對於平常學習意願較低落的學生極有幫助。可惜他們的考卷我都發回去了，只留了另外兩組下學期的考卷，可以證明分數的長足進步。

　　小組學習就是「學習共同體」的學習，是這個學期教育局推動教師研習的重要主題之一，我能了解主政者的用心與美意，我很高興自己所運作多年的教學方式受到重視與關注，我的經驗與學生的經驗可以證明這種「教與學共舞」的教學方式，「有效」！

附錄

一　其他附件

1 教師的教學與簡報示範

2 摘錄教師小組報告教學的簡報、影片、照片與作品

3 學生上台報告的照片與簡報。

4 小組出的試題掃描、考試與訂正的照片。

5 小組討論與分享的照片。

二　電子檔一份

1 教學計畫書。

2 教學活動影片檔。

3 小組報告教學簡報、影片、照片、作品的完整版。

4 學生上台報告的簡報與文件檔。

　　——本文入選「臺北市國民中學有效教學教案設計比賽」（2013年）、曾發表於「臺北市有效教學成果發表會」。

職場情報站

　　當新老師們懷抱著熱誠與理想進入教育工作的職場，除了認真備課努力教學，滿足「好為人師」的天性，除了班級經營輔導學生，經歷「因材施教」的苦與樂，還必須承擔許多的責任並面對隨時而來的挑戰，其實，每一個人都是跌跌撞撞地走過來，這個單元分享我教書二十七年，部分的經驗、體會與提醒。

一　競賽與培訓

　　國文老師每一年都有一項重要的任務，就是擔任指導老師，負責培訓參與各項語文競賽的選手，不管是校內的或是校外的，尤其是縣市級或全國級的比賽，對參賽的同學和擔任指導的老師而言，都是一段艱辛的過程。

（一）如何成為指導老師？

　　通常校際的比賽由誰來擔任選手的指導老師呢？有的學校是以老師為中心，也就是說，不論是哪一個年級或哪一個班級的參賽選手，都請具有指導該項比賽專長的老師來擔任指導老師，可能由一個老師包辦，也可能由少數的老師輪流負責。

　　這種方式的優點是，相關的行政作業很方便，加上老師的經驗豐富，進行專業的教與學，大大提高了同學得獎的機率，不論是對同學的升學，或是對學校的榮譽，都是有利有益的；缺點則是，選手與指

導老師原本可能是彼此陌生的，還需要經過一段熟悉期與磨合期，而且，培訓選手非常辛苦，一年又一年，老師的身心與體力都很難長期的負荷，再說，只有少數的老師不斷地得獎，往往造成老師們的抗議與爭議，使得竭力付出的老師，還得承受嫉妒與攻擊的壓力，就算有「獎」不完的成就感，可能都比不上「講」不完的痛苦與孤獨；此外，如果其他的老師一直都不必擔任指導老師，可能因此疏於對各種比賽項目的涉獵，以至於無法在課堂上適時地教導，這對於其他的同學而言，也是莫大的損失。

有的學校是以學生為中心，透過國文科教研會的運作形成共識，原則上，參賽的選手就由該班的任課老師擔任指導老師，除非碰到指導老師調動、退休、或者是真的有困難，才由教務處另行協調或請託。這種方式的優點是，大家都有指導同學的責任和機會，很公平！而且，老師和選手之間比較有默契，培訓的方式與時間也比較有彈性；缺點則是，有時候指導老師無法提供參賽選手最專業最精深的協助。

還有一個朋友說，他們學校曾有一位國文老師兼任教學組長多年，做事非常認真，待人也極為和善，只是好幾次碰到優秀的選手，就私下安排由自己擔任指導老師，得了許多的獎項。

不論如何，作為一個國文老師，就一定有機會擔任同學們參加各項語文競賽的指導老師，那麼，我們該如何預備自己呢？

很多人是因為喜歡國文而選擇就讀大學或研究所的相關科系，也許從小學開始就曾經參加過相關的比賽了，即使沒有，如果已經定意準備要當老師了，在養成教育的歷程中，對於國語、閩南語、客語、原住民語等語文，相關的演講、朗讀、書法、作文、字音字形等，就要試著廣泛地去接觸、觀摩與學習，努力培養興趣，勇於參加比賽，

增進自己的經驗與知能，當有一天需要指導學生時，就能很快地掌握
訣竅，得心應手了。

　　然而，國中生在學校的每一堂課都是固定的，有教學進度和考試
的壓力，我們不能任意叫同學請假進行額外的訓練，況且，通常晚上
和假日的時段孩子們又還要去補習，所以能練習和完成作業的時間非
常有限，這是培訓遇到的極大困難，要怎樣擠出時間來加強訓練呢？
比賽在即，老師、同學甚至家長，忍不住都緊張起來了！

　　一般而言，校內的各項比賽，準備的時間短，參賽的同學和項目
多，老師很難個別而深入地指導，只能利用一、二次的早自修、午
休、或放學後，給予簡單而基本的教學，再請同學回家去練習，如果
是演說或朗讀，可以錄音或錄影，如果是作文、書法或字音字形，可
以做模擬試卷或寫出成品，隔天帶來學校，請老師指導或批閱。

　　當選手贏得校內的比賽，即將代表學校參加縣市級的比賽時，培
訓的步驟與過程分享如下：

1 認識與共識

　　透過晤談，先認識同學的個性特質、學習背景、參賽的經驗與成
績、參賽的意願與動力；老師也要自我介紹，表明對比賽項目是否有
指導的經驗或涉獵；然後，討論師生如何分工合作，同學在家練習的
方式與作業；再約定在學校練習的時間與地點，讓師生初步達成培訓
的共識。

　　曾經有一個同學，在小學時各方面都很優秀，曾經參加閩南語演
說得過名次，她很有自信，以至於整個培訓的過程，她既沒有在家裡
練習、不交作業給老師，也沒有定時定點在學校練習，我經常找不到
她，最後不得已，我只好與家長聯絡說明，爸爸覺得孩子的根基很好
不用擔心，比賽的前一天，老師再次叮嚀應該帶的證件與用品。

　　比賽當天，計程車到了，其他的選手都上車了，等了很久，還是少她一個人，我一直聯絡家長，媽媽說快出門了，老師們商量決定分批先走後，她才姍姍來遲。好不容易趕到比賽的現場，報到時，她突然緊張地說：「老師，我忘了帶學生證。」我說：「好，先別急，你的學生證放在哪裡？」她說：「好像在書桌的抽屜裡。」我趕緊聯絡家長，媽媽找了許久，然後火速送來補交證件。

　　孩子真的很聰明，稿子背得很流利，表現得很好，中場休息時，有幾個家長和參賽者恭喜她一定會得獎，她也信心滿滿，可是，最後宣布名次，她落選了，她忍不住落淚，我安慰她：「你的程度很好，我們好好練習，明年再來。」

　　後來，因為她缺交國文科作業六次要記一支警告了，父母到學校來拜託老師不要記警告，拜託不成，爸爸生氣了，除了批評老師的規矩，又指責老師把他一個這麼優秀的孩子教成這樣，還說孩子跟家長抱怨：比賽之所以沒有得獎，是因為老師沒有認真教她。我雖然冷靜處理事情，也表達我真的很難過！

　　三年的過程很辛苦，一直到孩子畢業了，媽媽在考場外對我表達歉意與感謝，後來我們成了好朋友，路上碰面，媽媽總會跟我分享孩子的現況。

　　也曾經有一個同學參加客語的演說比賽，雖然得到校內的第一名，但是他連發音都是困難的，整個培訓的過程都在一個字一個字地教，師生的壓力很緊繃，可是他很認真，充滿鬥志，不曾抱怨喊苦，我不斷讚美他的努力與進步，短短一個月的時間，他以最好的狀態上台，當然沒有得獎，但是我真的非常感動！

2 練習與指導

　　比起校內的比賽，校際比賽的培訓才是真正考驗的開始，不論是

同學的練習與作業，或者是老師的指導，上述的過程與方法，都要加深、加廣、加難，還要精緻化，例如：演說與朗讀，要加強正音、腹部發聲、呼吸、斷句、段落、聲情與儀態等；演說與作文，命題的範圍要更多元，也應該嘗試雙子題、三子題等題目，內容也要兼顧敘述、抒情、論說的比重；書法的基本筆畫和作業要增加；字音字形的模擬題和考古題，需要反覆的練習與補充。

3 台上與台下

最好能安排時間，讓選手有機會在課堂中練習上台或展示作品，讓全班一起欣賞，再邀請台下的同學給予真誠的讚美與善意的建議，透過同儕的互動可以幫助選手提振信心力求進步，還能增進同學之間的美好情誼。

4 服裝與證件

比賽的前一個禮拜，要請同學把當天要穿的衣服帶來試穿，如果不合適就趕緊更換，有的家長很熱心，也會協助準備具有特殊民族風情的服裝。

前一天，要請同學把相關的證件和用品帶來，放進資料夾和包包裡，並提醒第二天集合的時間和地點。

5 比賽與成績

比賽當天，出發前再檢查一次證件和用品，然後出發，如果是全國的比賽，通常是前一天就出發到當地住旅館。路程中，可以請同學練習吐納，念招牌，用手寫字，或構思寫作的大綱，讓同學專注在「要比賽了」的氛圍裡，如果同學的身心狀態準備好了，進場時就不至於慌亂。有的比賽項目老師可以在場，老師就一定要在場陪伴，讓

同學安心，有的比賽項目老師不能在場，就要事先約好會合的地點，並為他加油。

比賽的結果，不論成績如何，都要肯定、讚美、鼓勵孩子，彼此分享觀摩的心得，並針對評判老師的講評進行省思。

如果同學得獎了，在學校公開頒獎之後，老師還會在班上再頒發「大補帖抵用券」以及各種小獎品，選手除了接受同學們的掌聲，也謝謝同學們的參與和支持。

北市比賽的培訓與練習　北市比賽的培訓與練習　　練習與準備服裝

萬一，同學參賽的項目是我們不太專精的項目時該怎麼辦呢？

我覺得教學相長與從做中學是最好的詮釋，我的建議是：

1 請教務處提供現有歷年比賽的材料或資源，例如：朗讀的材料，演講和作文的題目，字音字形的考古題，老師可以先行參閱整理，再去教導同學，也可以師生一起研讀與練習。

2 不妨試著謙虛有禮地請教比較資深的同事，有的老師很願意協助或提供資料，甚至，可以觀摩他是如何指導同學的。

3 其實，每一個老師都有班級與課務要忙，坦白說，沒有人可以充分的協助，偶爾的指導就應該由衷的感謝，不妨自己上網找資料、考題或語音檔，還有歷年得獎的錄影與作品，師生都可以一起觀摩學習。

4 到各書局或圖書館找相關比賽的專業書籍，則是更長久有效的方法，如果老師們願意花時間去閱讀、去學習、去消化，那麼，當指導選手時，老師的教就能更踏實更有把握了。

5 有的同學能力很強，基礎已經穩定了，老師可以先觀察、先體會同學的表現，揣摩重點之後，再給予同學更寬廣的協助，這就是教學相長，萬一老師真的都不會，就陪孩子多練習，給孩子多鼓勵、多支持。

另外，指導千萬不要逾越界線，基本上，這是同學學習的過程、經驗與回憶，所以，同學可以做的部分一定要放手讓他自己做，老師的職責是從旁指導而不是「代替」學生，例如：可以教同學如何寫演講稿，如何擬大綱，同學寫完了，老師可以幫忙修潤，卻不應該由老師來代替同學寫演講稿。

有時候，同學參賽的語言項目是我們完全聽不懂也看不懂的，又該如何指導呢？

有一次，同學參加排灣族語的比賽，我很坦誠地告訴家長和同學：「老師不會這種語言，但是我們可以一起努力。」同學也只會簡單的羅馬拼音，在不得已的情況下，媽媽拜託他的牧師老師協助寫稿，為她講解內容，教她正確的讀音，我則教她演說的聲情、技巧和儀態等，並負責督促她後續的練習與背稿，從逐字、逐句到逐段，總共有三篇的演講稿，比賽時，當場抽出其中的一篇上台演示。培訓的過程真的很辛苦，但是，兩個指導老師彼此溝通合作，同學又活潑又認真，而且表現優異，是一次美好的經驗。

此外，帶同學參加校際的比賽，就有機會觀摩各校學生的呈現，聆聽評判老師的講評，如果勝出取得縣市代表的資格，在全國的比賽之前，各縣市教育局也會聘請專業的師資進行密集的訓練，這對於參賽的選手和指導的老師而言，都是極為寶貴的學習機會，千萬不要錯過了。

　　培訓的過程，還要留意老師和選手的情緒與壓力，參加比賽想要脫穎而出，絕對不能沒有嚴謹的訓練，精緻化的雕琢，一定得要磨啊！隨著比賽日期的逼近，加上彼此都有其他繁重的課務與事務，師生之間的關係也會越來越緊張，都可能出現長痘痘、失眠、做惡夢、掉頭髮、月經失調和情緒不穩等身心的症狀，老師一定要警醒自己，要求是不是太高了？要觀察孩子的得失心是不是太重了？多多使用正向、肯定、鼓勵的言語和動作，陪孩子走過這一段路。

　　藉著教學相長與從做中學，不但累積老師指導的經驗，也展現同學驚人的潛力，陸陸續續得了獎項，包括：國語朗讀，臺北市第三名、第三名、第二名、第六名、第一名，臺灣區第一名；客語演說，臺北市第三名；排灣族語演說，臺北市連續兩年第一名，臺灣區第三名、第二名；閩南語朗讀，臺北市第六名；閩南語演說，臺北市第三名；生命教育網路作文比賽，臺北市第一名；溫世仁作文決賽，新詩優等；臺北市八十九年度團體詩歌朗誦國中組第三名，九十八學年度一等獎。

　　其實，教書的第二年，學校就找新老師擔任科展的指導老師，我一頭栽進陌生的領域，以如此的方式，指導陌生的四位同學參加臺北市第二十二屆中小學科學展覽會國中組生物類的競賽，我們擬定的題目是：國中生性知識之調查研究。竟然得到優等的成績。

　　培訓與傳承，誠然是老師的職責、心志與承擔，如果孩子得獎了，我們以他為榮為他高興，當然，這也是對老師的肯定和鼓勵；萬一孩子沒有得獎，我們也為他祝福為此感恩，因為對於師生而言，誰也不知道，這些寶貴的經驗與學習，會在往後的教與學中如何持續地成長與結果？即或不然，這也是人生極為美好的回憶。

　　以前，指導同學參加比賽得獎了，難免沾沾自喜，有時忘了我是誰地驕傲起來，然而，隨著年歲越長，指導的經驗越多，就越誠惶誠

恐，就越心存謙卑與感恩，總有微小的聲音提醒我：每一位選手，從發掘、培訓到成就，最勞苦功高的是他們的小學老師，以及背後傾注時間與金錢極力栽培的家長，而我，只是在他們的根基上建造，甚至只是剪綵與收割的受益者罷了！坦白說，進入國中的同學早就已經優秀了！我怎麼能驕傲自誇呢？怎麼能如此虛浮無知呢？所以我曾經與幾位小學老師聯繫，向他們請教並表達我的敬意與謝意。

當然，這不表示我們可以停滯或偷懶，努力參加進修和研習是更積極的成長方式，例如：碩士班或夜間進修班，詩歌朗誦吟唱或書法等相關項目的研習。我也曾經去報名電視台配音班的訓練，觀摩老師們是如何掌握豐富好玩的聲情變化。

親愛的老師們，千萬不要擔心自己的能力不足，或者害怕沒有得名，而不敢擔任選手的指導老師，只要有心，多幾次教學相長和從做中學的體驗，師生同蒙其利，便都得到造就了。

練習與準備服裝　　　北市頒獎與授旗　　　在班上再頒一次獎

（二）如何推派參賽選手？

校內的各項比賽，例如：語文競賽、網路作文、校刊徵稿、各項書法比賽等，要如何推派選手呢？尤其是七年級時，師生彼此不太認識，更要謹慎。

首先，要盡量避免由老師全權指派，因為很容易引起同學或家長的質疑，造成糾紛。

推派選手最簡單、最直接的方式就是公開票選，可以由老師或班長主持，逐項請同學提名，進行票選，優點是完全公平，缺點是有時候同學們會開玩笑亂選，使得真正優秀的孩子，可能因為成績比不上別人，或人際關係不夠和諧，而失去參賽的機會，有時候，同學的專才與被提名的項目也不相符，需要進行參賽項目的協調，協調時，應該先了解同學過去的經驗與現在參賽的意願，萬一真的無法協調時，就請當事的同學們一起猜拳，猜贏的人先選，避免引發爭執或困擾。

我的看法與作法是，除了一定要公平公開之外，推派選手還可以更人性化一點。

我先分享自己和朋友參加比賽的經驗，不論是成功的或失敗的，同學們可以感受到親切的真實感，也舉名人參賽的實例，例如戴晨志先生，如何從學生時代不棄不餒地參加比賽，到如今學術有成著作豐富，激勵了無數的人，藉此，說明參加比賽是一種人生的經驗，是積極學習的勇氣和突破，鼓勵同學參賽，動之以情理；再來，是端出上好的牛肉，只要參加比賽，有上台或交出作品，就有加分的獎勵，如果得名，又有老師的獎品和主辦單位的獎勵，還有升學加分的效用，吸引同學參賽，誘之以好處；最後，強調這是無法空白交回教務處的報名表，每一個班都得要推派選手參加的啦，要求同學參賽，威之以校務的規定！

接著，先鼓勵小學曾經得獎的同學自願參加他所專長的項目，如果有多人要參加同一個項目，大家可以協調，或者與教務處溝通，多派一個選手；一旦有一個項目有選手自願參加了，就能鼓舞其他的同學報名參賽；萬一人數仍然不足，就請已經是選手的人點名，這是對

自願參賽同學的優惠，他們會很高興地站起來舉才，其他的同學通常會又很緊張又很興奮，點到別人，就一陣歡呼，點到自己就會說：「老師，不行啦！我是被陷害的！」先被點到的人，可以優先選擇參賽的項目，然後再點下一個人。大體而言，同學之間知道彼此的專長與興趣，提名多半能適才適項，萬一有爭議或有人執意不肯參加比賽，還是可以協調或調動參賽的項目。

至於，可以自由參加的比賽，一定要盡量鼓勵同學們參加，如果是沒有人數限定的，比如徵文比賽，就大量推派選手，給孩子展現自己的機會，激發孩子的潛能，爭取參賽的經驗與榮譽。

（三）如何成為評判老師？

除了培訓選手，國文老師還必須擔任評判老師，一定要謹慎專心，力求公平公正，即使如此，也可能面臨為難的情況。

通常，教務處會在比賽前印製評判老師的工作表，由國文科主席協調，請各位老師填選願意擔任評判的項目。

各項比賽中，書法一定最先被填完，因為作文要負責命題與評閱，字音字形要出題與批改，朗讀與演說是現場評判，還要立刻進行講評。

選填項目擔任評判老師，除了考慮工作的性質與難易度之外，應該顧及老師們的專長，才能減少因為疏忽或不熟悉而造成的遺珠之憾。各項目的評判老師至少要有兩位，現場的比賽最好有三位。

評判前，老師們應該先討論基本給分的標準，評判時，應該有詳細的記錄，尤其是最後決定進入前六名的名次時，記錄越詳實就越不容易造成爭議。

到底誰才是真的第一名？

幽谷琴音

　　有一個老師分享，某一所學校，有一年，有幾個教職員工的孩子都練習書法多年，校內的國語文競賽，第一名是其他的同學，並且代表學校參加校外的比賽，所以沒有爭議。

　　接著，下學期，又舉辦校內特教的書法比賽，有許多同學參加，教職員工（包括校長）的子女也有幾個人參賽，評審的結果是校長的孩子得到第一名，成績公佈，作品張貼之後，引起其中一位有子女參賽的老師，聯合教師會的幾位老師激烈抗議，抗議的理由是：校長的孩子雖然書法的基本筆畫與行氣都很好，但是，有一個字的部首寫錯一筆畫了，怎麼可以得到第一名呢？雖然經過評判老師說明，的確有部首寫錯了，但是整體上仍是參賽作品中最好的，仍然無法平息該老師的怒氣，他強力的批評，使校長、評判老師、參賽的孩子都很受傷。

　　後來，學校記取經驗，各項的語文比賽都同時邀請兩位以上的評判老師，而且，如果有自己子女參賽的項目，該位老師就避免擔任該項目的評判，以免對其他的同學造成不公平，也避免同事之間的紛爭。

　　有一年，有一所明星學校，校內語文競賽的初選就競爭激烈，跟同一位書法老師學習的兩位優秀同學，難分高下，為了決定由誰代表學校參加全臺北市的比賽，校內的評審老師、導師與家長各有意見，最後，校長與主任親自拜訪家長，又邀請書法老師一起協商，讓二位同學分別參加不同的比賽，但是，因為對於升學的加分差距很大，兩位媽媽竟然從好朋友變成互相批評的仇人了。

另外，有一個從小參加比賽的同學，自己的媽媽就是指導老師，親子二人是最佳的搭檔，得獎無數，但是，母子之間的摩擦也日益嚴重，他升上高中以後，拒絕再參加任何的語文比賽，讓媽媽久久無法釋懷。

有些比賽的項目，例如：閩南語、客語、原住民語的演講，（現在閩南語改成即席演講，跟國語演講一樣，選手現場抽題，臨場準備，隨即上台）由於可以事先寫稿與背稿，所以難免產生比賽的幕後高手，各方名師操刀寫稿各有價碼，因為不容易寫，基本上要精通該種的語言，又要有高明的寫作技巧，既能鋪陳生動的故事，設計感人的情節，穿插活潑逗趣的橋段，融入有押韻的俗語、諺語和典故，還要能示範朗讀或演講的錄音或錄影。

有一年，國中組的比賽，某一種語言的演講，得獎的前三名來自三所不同學校的選手，背後都有名師的指點與寫稿，其中二位的演講稿都出自同一位作者，以每一個參賽者，需要針對三個題目，繳交三篇稿件來計算，這位指導老師，連同其他名次的學生，至少寫了三個題目共九篇的演講稿，而且，不包括另外還有幾篇是其他語言的演講稿，每一篇都很精彩啊，真的令人佩服，當然，事後也引發不公平的爭議與討論。

二　配課與選組

除了專業科目的教學，國文老師也還有其他的課務與職務。

（一）配課

　　近年來，由於課綱的調整、國文課時數的降低、教師授課時數的減少、以及少子化帶來減班的衝擊，老師們除了教授本科的課程之外，通常還需要配課，而且，班級數越少的學校需要配課的科目就越多。

　　那麼要配什麼科目呢？有的學校由教務處直接配課，有的學校在學年結束之前，教務處會發配課與第二專長意願調查表，請老師們填選，作為排課與配課的參考。

　　國文科老師配課的科別越來越多了，從早期的公民、歷史，到現在的家政、藝術表演、體育等各種課程都有，老師們必須有第二專長、第三專長的預備。

　　建議在讀大學時，就可以選修各種的通識課程或輔系，多參與社團，學習既要多元也要專精；進入職場之後，持續的進修也很重要。

　　一旦配課，如果可以參與該科的教研會和研習是很棒的，不然，就近請教該科的專業老師，也能幫助我們努力教好配課的課程。

　　即使是配課，也要充分地備課，以公民課為例，先研讀教材、備課用書和補充教材，加以整理重點，再蒐集相關的圖片、資訊、故事和生活的實例，然後利用題庫編製考卷，透過瀏覽試題才能幫助老師快速掌握重點，也才能引導同學了解命題的方式和趨勢，最後，要研擬教學的進度。

（二）聯課或多元選組

　　多元化的課程，可以彌補班級教學的不足，兼顧個別學生的需要與啟發，這也是教育發展的趨勢之一。

　　聯課：這是正式的課程，老師可以自行設計或擬訂教學的主題、內容和進度，彈性很大，靜態、動態都可以，特色是活潑多元。有時

候為了方便，老師們喜歡開設比較休閒也比較簡單的課程，但是，建議老師們，即使開設像影片欣賞或音樂欣賞之類的課程，最好都要有討論與分享的進階學習；如果開設橋牌、跳棋、桌遊之類的課程，一定要維持良好的教室管理；如果是運動類，像籃球、爬山等活動，老師一定要在場，並且要注意戶外與運動的安全。

我曾經開設電影欣賞，除了欣賞，還有分組討論與分享，以及心得的寫作，也曾經開設廣播課，在一、二年級各開一班，校長與主任都非常支持，同學也很喜歡，當時因為和合唱團衝堂，有幾個聲音好的同學因此面臨選擇的苦惱。

廣播課教學的進度、步驟與內容，摘要如下：

1 正音與朗讀：第一堂課，先是課務的說明，然後請每一個同學上台作自我介紹，並說明自己選這一門課的原因與期待，老師再將每一個班分成四組，並選出組長和副組長；第二堂課之後，連續四節課，進行正音、聲情的示範與練習；個別上台表演繞口令；新詩詩稿的分析與朗讀，小組開始討論廣播稿；文章與古詩的朗讀，小組繼續討論廣播稿。

2 撰稿與音樂：約提早兩週，先請各組研擬廣播的單元主題，課後分工去收集資料和歌曲，校園時事或花絮，約定時間找老師討論廣播的初稿，再回去修潤。上課時，每一組分享廣播稿的大綱，第一組在課堂中，要先上台預演。

利用一次午休的時間，帶同學們去練習如何操作廣播的器材。

3 上台與廣播：一個星期廣播四天，時段是中午同學們用餐的三十分鐘，二年級負責星期一、三，一年級負責星期二、四。

第一組上台時，第二組在旁邊見習，依此類推，老師隨侍在旁，廣播後，簡單檢討，並提醒要注意的事項。

4 檢討與調整：上課時，針對上個星期的廣播實況進行小組的討

論，每一組派一個人上台綜合報告；而下週即將上台的組別，要在課堂中預演，修訂後的廣播稿要利用課餘的時間再次拿給老師看。

接連幾週，重複上台與調整。

5 討論與採訪：一個學期至少要有一次採訪，上課時先分組討論，包括採訪的主題、重點、受訪人員等，約定時間之後，全組要一起去，同學們曾經採訪了校長、特殊優良教師、任課老師、優良學生、各班的班級花絮、托兒所等等，在撰寫採訪稿的時候，他們也搭配了音樂，然後進行廣播。

6 心得與計畫：最後一堂課，先進行小組分享，分享這一學期的學習與心得，再進行小組討論，內容是下學期廣播主題的計畫，以及如何利用寒假來分工合作？每一組再派一個同學上台綜合報告。

帶過三年的廣播課，我的分享是：

1 至少需要實際上場三次以上的經驗，同學們才能比較熟習廣播器材的操作與使用。

2 要不要開放聽眾點播歌曲？一直都是同學們嘗試的目標之一，雖然可以帶動師生一起參與的氣氛，造成轟動，但是也有困擾，例如：歌曲的適切性不容易拿捏，現場比較凌亂等等，此外，點播的歌曲要送給誰？尤其是點給自己思慕的人，而對方卻不一定想接受，有時就造成青春期孩子的尷尬了。

3 建議同學要把廣播稿的內容寫得很仔細，因為同學們上台時難免會緊張，臨場反應經常不夠順暢，如果有周全的手稿，至少可以念出來，而且稿子寧可多不可少，畢竟多了可以刪減，少了就容易結巴和空白。

4 音量的控制、咬字的清晰、時間的掌控，都需要反覆的教導。

此外，因為學校並沒有錄音室或廣播室，廣播時人來人往，雜音很多，雖然有現場感，但是也充滿「凸槌」的緊張感。

　　開設廣播課是很有趣的,雖然陽春兼克難,投注的心力和時間也很多,好不容易穩定了,下學期的人員又有些許的變動,需要再次的培訓與規劃,然而,有老師們和同學們的熱情回響,提供許多寶貴的建議與資訊,都是支持我們繼續製作節目的力量。

　　當然,有時候也會造成大家的不方便,尤其是九年級的老師經常必須趕課或因為考試而延後下課,所以,被迫不及待上場的廣播干擾了,有時會使任課的老師或考試中的學長很生氣,引來批評與責備,使廣播的同學感到驚嚇與挫折。

　　廣播課,曾經帶給師生美好的時光與難忘的經歷。

廣播課正音與朗誦　　詩歌吟唱與戶外採訪　　二○○一秋季號幼獅書訊刊載廣播課的詩歌吟唱成果

　　多元選組:過去學校的第八節課都是排上科的輔導課,最近幾年開設了多元選組的課程,根據行政人員的設計理念,搭配老師的專長與同學的興趣來開課,甚至外聘各種才藝的老師,開設如:書法、捏塑、拼布、獨輪、熱舞、戲劇等課程,不但有實力、有創意、有吸引力、也很有挑戰力。

　　我開設「國文 e 花園」，教學的進度、步驟與內容如下：

　　1 介紹我的他：老師自我介紹並說明課程，把來自各班的同學分成六組，固定座位，方便上課與清點出缺席，選出班長負責記錄上課日誌與處理班務，接著請小組成員兩個人一對互相認識，然後輪流介紹對方。

　　2 國文 e 花園：內容有猜謎、猜字謎、成語接龍、成語串珠、看圖猜成語、孔子說孟子說記憶大考驗、影片欣賞與討論等。

　　每一個單元有兩節課，所以教材也預備兩份，第一堂課用第一份教材，先進行小組討論與搶答，讓同學們熟悉內容與方式，並請班長登錄優勝的小組，期末得到最多次優勝的小組，每一個人都可以得獎券一張；第二堂課用第二份教材，進行個人測驗，寫完交換訂正，然後進行個人搶答，老師收卷時，也請班長登錄成績，前三名的同學可以得獎券一張。

　　每一堂課如果同學們都很認真參與，下課前老師就贈送笑話與動畫；期末進行獎券兌換獎品與抽抽樂的活動，班長記嘉獎並贈送一張獎券。

　　大部分的同學和家長都很支持多元選組的課程，學期末教務處還舉辦成果展，呈現豐富活潑的學習成果，實在是值得推廣的實驗與構想。

　　當然，也有執行上的辛苦。

　　行政人員面臨開課、師資、教室安排、維護上課品質等各方面的壓力。

　　老師們的考量是，為了一堂課，必須額外花很多的時間準備教材與資料、設計活動和研擬教學的進度；而且，上課時，面對來自各班的同學，常常有同學找不到上課的地點，也有同學無故的失蹤，所以，在認識同學、清點人數、追蹤未到同學的細節上，都要很謹慎；

又因為這不算是正式的課程，沒有成績的要求，所以有許多同學缺乏學習的意願，上課的態度也很消極，要如何營造學習的氣氛提高同學們學習的意願，成為老師們每一節課的挑戰，況且，第二學期，有的同學繼續選課，有的同學是新生，在設計課程和認識同學上，又需要再一次的更新，所以，難怪大多數的老師寧可維持在原班上原科目的輔導課了。

那麼同學的難處又是什麼呢？有同學說：「我想放學之後，做自己喜歡做的事，我想去打球，為什麼媽媽和學校卻勉強我，硬逼我留下來上我沒有興趣的課呢？」也有同學說：「一個星期要上四天，真的很痛苦。」還有的同學說：「我想上的課選不上，卻強迫我上不喜歡的課，真的很無奈。」

實施二年之後，繼續調整中，我相信一定能夠慢慢形成共識，開設獨具特色的多元選組課程。

多元選組介紹我的他　　多元選組猜字謎　　多元選組成語串珠

多元選組看圖猜成語　多元選組孔孟說大考驗　多元選組獎券抽抽樂

　　此外，不論是擔任導師的班級或任課的班級，第一堂課，我就慎重地跟同學們講明白，老師領薪水不收禮物，只收卡片，也在親師座談會上說明清楚，幾次之後，親師生有明確的了解就可以避免困擾。

　　同學畢業時，我嘗試用色紙或卡紙寫短箋，送給每一個同學作為記念。

三　國文科教研會

　　國文科教研會的負責人，以前稱為主席，現在叫作召集人，新老師很快就必須擔任這項職務了。

　　召集人是如何產生的呢？本校剛開始是採用選舉制，只要有人提名，大家一定踴躍舉手投票，馬上就「生」出來了，所以，新老師一直都是最佳的人選，一經提名保證同額競選而且絕對當選；後來新老師也逐年變老了，教研會的功能和任務又逐年增加了，經過提案通過，改為抽籤排序輪流擔任，如果有新進的老師任教超過一年，優先錄用，其他人的排序則順延一年。

　　召集人主要的任務，一是配合行政單位協助處理和傳達各項的公文，參與各項的會議，擔任行政與老師們的中介者，上令下達或下情上達。二是安排並通知科內老師們相關的各項研習、聯誼與討論。三是到各所小學去做宣導。如果行政有需要，召集人也願意，就額外再負責帶領專業社群的密集研習與討論。

　　大抵而言，在學校裡，行政同仁都非常尊重老師們，老師們也都是理性而友善的，彼此分工合作，互相支持，不僅是工作上的好夥伴、好朋友，也像親愛的家人一樣。

　　然而，難免也會碰到行政的期待和要求與老師們的意見僵持不下的時候，或者是老師們之間的意見相左的時候，召集人的處境就很兩

難，一不小心就都得罪了，所以最好盡量保持中立，如果溝通無法取得共識，就用表決的方式達成決議。

開會時，也曾經有人不高興甩頭就離席，讓膽怯而生澀的新主席不知所措，只好含淚繼續開會；也曾經有召集人在各領域召集人的會議中，配合行政額外的需求，豪爽地包下重大的工程，等到教研會必須分配任務時，竟然被憤怒的抱怨與嗆聲嚇到了，後來，只有少數的老師願意協助參與。

隨著老師的調動和國文老師的逐年減少，輪到擔任召集人的次數增加了，大家都有彼此包容和互相支援的默契，並且，能無私地將相關表格和資料的電子檔，一任一任地傳承下去。

此外，公文的傳閱一定要設計簽名表，上面註明公文的文號和日期，請看過的老師記得要簽名，避免遺漏，附註欄註明：請最後簽名的老師，把公文傳回來給召集人。公文的時限、流向、追蹤要確實，完成的公文最好能影印存查，連簽名單也要存查，放進國文科教研會的專屬資料夾裡，萬一行政追蹤公文的交辦事項，或者有些老師忘記重要的通知了，甚至影響老師的權益了，這時候就可以檢視簽名單，化解不必要的誤會。

如果是重要的事項或會議，一定還要親自拜訪老師們，個別通知，避免遺漏而造成大家的不便了。

教研會討論與報告　　　　教研會讀書討論　　　　教研會專業社群

　　另外，我也嘗試在校內或校外，對同學們進行教學，或在教研會中與老師們切磋討論，透過分享與激盪，彼此檢視教學的現況並力求精進。

九年級基測作文教學　　　學習共同體教學分享　　　教學與研究分享

*97台北市第九屆行動研究
經驗分享類
優等
親愛的！
我把棍子變不見了
─零體罰的班級經營
台北e大數位學習網
益教網

*96台北市第八屆行動研究
經驗分享類
特優
雙十年華 國文正青春

教研會教學分享　　　班級經營　　　　　國文教學
　　　　　　　　　　行動研究與分享　　　行動研究與分享

*102台北市第十四屆行動研究
經驗分享類
佳作
活化教學─
國文e花園

*102台北市國民中學有效教學
教案設計比賽
入選
教與學共舞─
運動家的風度

*1030924親子天下
翻轉教育創意教師

活化教學　　　　　　有效教學　　　　　親子天下創意教師
行動研究與分享　　　教案設計與分享

四　研習與進修

　　「教」然後知不足，事實上，國文老師特別需要參加研習和進修了，因為，不管每一所學校如何安排各年級各班的導師，是徵求熱誠的自願者也好，是「一定得當」的要求也罷，或出於輪任的制度，或出於校長苦情的拜託，國文老師在一個班級的上課節數最多，最適合兼任導師了，是義不容辭，也不容你推辭，所以，不只要藉著各樣的研習和進修補充國文教學的電力，更要充實班級經營的知識和能力。

（一）研習

　　各縣市的教育行政機關，擬訂了老師每一學年必須研習的內容、時數和登錄的辦法，近年來，也積極推廣線上 e 化的研習。

　　研習的時間通常比較短，多半是比較實用、廣泛、淺顯的實務學習或學術的探討，可以取得研習的時數，而時間比較長一點的或延續性的研習，可以取得研習的證書。

　　我陸續取得了英特爾 e 教師計畫、教師評鑑、行動研究、中小學書法師資等等，與國文教學相關的各項研習的結業證書，另外，在詩詞吟唱的研習之後，完成教學成果的報告，也取得財團法人林榮三文化公益基金會經典教育講師的資格，參加這些研習對我的教學確實有許多的幫助。

（二）進修

　　進修的時程比較長，相關實務和學術的探討相形之下比較高深、廣博而專精，可以取得學歷證書或證照。

　　鼓勵老師們，趁著體力足、能力強、學習快的時候，儘早報考或參加國內外正式的進修。

畢竟這是職場的需要，因為家長、學校、社會與教育的行政機關，對老師的期望越來越高了，同時，我們的學生、教育的環境與資訊媒體的改變越來越大了，所以，老師們在教學與帶班的工作量上，並沒有因為降低了班級的人數而減少，反而因為需要更精緻化而更戰兢，心力很容易就燃燒殆盡了，而且，放眼臺灣，高學歷已經是趨勢了，所以老師們不得不進修，得持續進修才能跟得上時代的潮流，才能趕得上孩子的變化，才能喘口氣、換個角度、再儲備電力啊。

其次，進修可以兼顧個人的興趣滿足自我實現的需求；也有助於生涯的規劃，有人藉以轉換職場，有人進入高中或大學教書；而最實際的好處是敘薪的調整；更長遠的考量則是逐漸延長年齡與年資的退休制度，特別對於國中小學的老師來說，別人很難體會是如此難以承擔的負荷，所以，就更需要「進修」了。

我參加過救國團長期的培訓與實務的磨練，有六年的證書，也參加過電視台文化基金會戲劇配音班的訓練，有結業的證書，並且經過四年夜間的選讀，取得研究所四十學分進修班的學歷。

其實，很多老師都熱愛學習，即使退休之後，仍然保持進修的行動與習慣，是終身學習的最佳代言人，也是我的榜樣。

五　教師與甄試

過去，聯合甄試與聯合分發是選聘教師的主要途徑，後來，開放學校可以自行辦理教師甄試，各校的教評會多半就選擇自辦，許多縣市的教育局甚至因此停辦了聯合甄試。

經過幾年的運作，學校自辦甄試的作業相當繁瑣，行政人員與老師都覺得疲倦了，有時，連續辦了四、五次的甄試，開學在即，有的

科目連代課老師都還聘不到，所以，現在多半又回歸由縣市教育局主辦聯合的教師甄試了。

一般而言，聯合甄試多半聘請大學的教授命題，國文的專業科目，一定要參考歷年的大學、研究所和甄試的考古題，內容偏重文學概論、基礎教材等專業的知能，還要注意國文教學的趨勢與教師研習的重點，例如，這幾年強調提問式教學法、創意教學、翻轉教育、學習共同體等，如果是校內的人員命題，通常以國學常識和國、高中的國文教材為主要的範圍。

筆試通過之後，進入試教與口試的階段。

試教的主題，通常以國文的教材為範疇，所以，事先可以蒐集各學校所使用版本的教師備課用書。現場抽籤，有二十分鐘到三十分鐘的準備時間，然後進行現場的教學，不管抽到什麼單元，教學時，盡量設法延伸到自己所專精的部分，舉例來說：如果我擅長說故事，就多一點點作者的介紹，演示中穿插自己熟習的典故，如果我擅長形音義的比較，就設法切入一、二個字詞，做精闢的分析……，想辦法把自己最好的部分呈現出來。教學要完整，結束之前，要記得交代作業的安排或預習的功課，並提示下一次的教學進度。

教學的過程中要走動，靠近同學，隨時注意同學的反應，看看是否有跟上進度？是否有疑問或困難？教學有互動，才有真感動。

板書要整齊工整，字要放大，咬字要清晰，音量要放大適中，一定要讓坐在後面的同學，也能看得清楚聽得明白。

其他要注意的細節，例如：服裝儀態要端莊，有的老師或許想呈現親切隨和的特質，隨意套一件 T 恤，穿一條牛仔褲就來試教，還有人穿夾腳拖，真的不太合適；教學時，眼睛要看到教學現場的整體，如果有同學在場，要看到每一個同學，不要只看一個定點或一個評審老師；表情要輕鬆，面帶笑容。

　　事先整理好的資料，分成兩大類：（一）現場教學可以運用的資料，例如：補充的教材與圖片，電子教學的媒體與檔案，教學時可以貼在黑板上，如果可以利用電腦或電子白板上課，就更實際更具體了。（二）其他補充的資料：試教時可以稍作展示並請評審老師傳閱的資料，例如：平日教學的補充資料，教學活動的照片，學生的作品，班級的刊物，自行編製的試卷等，涵蓋專業教學、班級經營、學生輔導、行政工作，以及社團指導或行動研究等相關的資料，越充實越好。

　　一般而言，教學演示時，試教的對象只是工作人員和評審老師，老師要把這些人當作學生，需要有一點點演戲的技巧，有的學校會安排同學增加真實感，不論對象為何，如果事先預備一兩個雅俗共賞的笑話、典故或猜謎，或者，老師願意適度地表演，誇大動作，戲而不謔，不但能緩和緊張的情緒，也能使教學顯得活潑親切而吸引人。

　　聯合甄試的口試，有時候是筆試範疇的延伸，有時候是實務的班級經營，親師生的溝通，學生的輔導，或者是如何推動提問式教學法？如何進行創意的教學？如何應用學習共同體進行教學？等等；校內的口試，更偏重實務與學校的需要，比如：是否願意擔任行政的工作？如何規劃並推動這項行政的工作？是否願意帶特定的社團或聯課活動？是否願意擔任導師？如何作好班級的整潔工作？如何維持教室的常規？如何輔導學生缺交作業的問題？等等。

　　等待放榜的心情是煎熬的，被錄取了固然值得感恩與珍惜，萬一落榜了，千萬不要被挫敗的愁苦折磨太久，也許是下一次，也許是另一條路，人生，每一段低谷的轉彎處，都充滿向上的希望與契機！

流浪老師！還要再考下去嗎？

幽谷琴音

有一位代課了好幾年的老師，懇辭行政人員的拜託與挽留，堅持辭職半年，到補習班苦讀，第二年幸運地考上正式的教職。

另一位高學歷的代課老師，迫於家計無法辭職專心備考，他曾經在補習班任教，受過訓練，他的教學認真而專業，深獲學校的認可與看重，可是，幾次參加聯合甄試，他的國文筆試都將近滿分，但是教育的專業科目卻不及格，連同事們都替他著急了。

後來，經過行政工作的磨練，他的教學更見活潑，班級經營更加穩定，第三年，在工作繁忙的壓力下，第一關的筆試，他的教育專業科目終於低空通過，同事們高興之餘，紛紛獻計，教他如何準備資料、為他模擬口試的題目，召集人又邀請各國文科老師協助觀摩他的試教，並提供寶貴的意見，他不負眾望成為該地區聯合教師甄試國文科的榜首，因為他有實力、肯學習、肯負責，所以，得到大家的肯定與幫助。

建議代課老師盡量留在同一所學校代課，就能爭取表現與被認同的機會，而且，如果是學校自辦的甄試，不但能熟悉考試的方式，也因為建立與同事的情誼，在試教和口試上，就更有幫助了，有一位在同一所學校代課了五年的老師，就因此考上該校的正式老師。

又有一位老師，各方面都受到家長和行政的肯定，可是就是考不上正式的職缺，帶班與教學已經是繁重的工作了，又得持續承擔一年又一年，奔波各地各校，付出許多報名費，參加

正式和代課教師甄試的壓力，她的身心都出現免疫系統失調的
症狀了，幾番思量，最後，她決定離開代課老師的流浪生涯了。

　　這是門越來越窄，路越來越小，卻亙古彌新的職場，老師
們！加油！

當老師是我從小的志願，能投入自己喜歡的工作，充滿感恩，如
今退休了，衷心期待更多優秀又有熱誠的新血輪投入教育的大家庭，
培育一代又一代的孩子們。

杏壇昏慌錄

愛國夫人傳

　　竹風襲襲，乍暖還寒時候，三屯橋畔天光忽閃，雲霞湧現，空中一幅奇景，唯智仁勇三達德兼備者才能看見：有一長髮女子端嫻而坐，皓腕微提，纖指撫琴，櫻桃暫破，恍若天使之音，細視其容顏，有孟姜傾城之姿，玉環覆國之色。

　　是夜，產婆報佳音，一女呱呱墜地。

　　邱父仰天長嘯，連呼：「可惜！可惜！算命者言：『再晚一個時辰，便是男孩。』」

　　蓋算者，算好算壞難敵天算，命者，命男命女難測天命。算命者，算錢可以，算不了命。

　　遂取名淑琴，意謂：淑女能琴。

　　淑琴漸長，果然不凡，臉大如喜餅、視力不平衡、鼻大好吸塵、嘴大賽血盆。管蕭箏鼓琴，樣樣不會；宮商角徵羽，音音不全；縱有甜美音色，徒具穿腦音準，昔日中小學升降旗，天天唱國歌二次，次次走音之處亦不相同，令人欽佩！

　　淑琴！淑琴！既不能琴焉能稱淑？故字「美女」，深自期許！

　　小屋後面有條河，磨石抓魚洗衣裳，天光雲影歲月流轉。每當颱風來襲，橋斷堤毀，水淹荒草，夜半舉家倉皇避難！隔日重返家中，屋裡牆腳，濁水泥地，有魚有蝦，屋後河漲，滾滾黃湯，衝著門板、水缸、大樹，並有黑豬白豬四腳朝天兀自掙扎。經常凝視忘神，流連

忘返，顯露不凡的嗜好！

　　小河後面有山坡，橄欖樹上躲迷藏，茶園壟間撿蛇蛋，尋山徑找幸運草，挖田畝造蕃薯窯，不到天黑，絕對不肯回家，路上又自折桂竹一把，以免母親找不到修理的工具，怒極亂打，有虐待兒童之嫌，是一貼心孝女也！

　　自小學六年級起，身長未曾增高，高三體育課，量身高一百四十九點五公分，死哭活求拜託老師填個整數一百五十，不然一百六十也不嫌棄，老師竟然斂容，正色道：「做人要誠實，科學要精確。」這是我的嚴師，當眾宣佈本淑琴有天使的身材，加上可喜可賀的魔鬼尊容，區區願望，求成為一美女，竟不可得也！

　　所幸「父親眼裡出西施」！有女淑琴，臉大福氣、弱視似秋水、鼻大招財、嘴大吃四方，明珠待價，苦等二十六年，奇貨居成存貨，父親終於領悟：此「師」非彼「施」，女兒能嫁就是爸爸的幸福。

　　嫁夫軍戎，山南水北，十九年寒窯不苦，日驚夜懼只恐他衝冠為淑琴，一怒為紅顏，雖竊留名青史之笑，亦抱禍水罵名之憾！怎料良人悠游軍旅，無心造次，全然安心，三心牌淑琴竟勝諸葛之妻！始知水資源缺乏，泱泱禍水亦不可多得也！

　　如今匆匆四五，就算一枝紅杏過牆來，徒招風不招蜂矣！昔年二八，長相安全，遵守交通規則，不能傾國一也；色衰就罷，聲枯若鴉，即便哀嚎，夫躲女藏，天地掩耳，不敢常常出來嚇人，如何傾城二也，美女至此，夫復何言！

　　然！家有吾輩淑琴之流不出叛將；城有吾輩淑琴之流不垮石牆；國有吾輩淑琴之流不興桀紂。有淑琴而家不敗、城不倒、國不滅，是謂愛國夫人也！（990524）

傅老大外傳　仿作　陶淵明〈五柳先生傳〉

先生不知何許人也，亦不詳其老婆姓字，獻身瑠公二十年，早年師生聞其名，無不立正站好，既敬且畏又愛，因以「傅老大」為號焉！

聲如洪鐘，威令四獸山，調皮小子無所遁逃。

民國七十六年，有一生丟刀傷人，眾師輪番查詢，不得其人，老大出馬吆喝一聲，該生自動承認，只見老大搜尋教室前後，自闔傘中拾起小刀，師生駭然。

新任教師愛心滿滿，帶班無法，不出二月，果然雞飛狗跳狀況百出，惶惶不知所措，急中生智大喊一聲：「再吵，再吵到訓導處罰站。」全班頓時鴉雀無聲。

民國七十七年，一生在外偷竊，傅老大代為交保，失主要求歸還撲滿所存舊硬幣，經週會報告，全校踴躍捐獻，有膽小孩童，趁老大不在座位，一元、五元、十元，悄悄置錢於桌上。

學生犯過，凡有「牽拖」，一一難逃法眼，或未問而涕淚自供者，或狡賴再三被老大逐條點破者，事經查明，必嚴加訓斥，大過抵五板，小過抵三板，期使學生改過，不留記錄。

傅老大，三字響遍社區與學校，若有學生抽煙打架者，聽聞：「傅老大來了！」無不拔腿，四散狂奔。

然，每至端午節、中秋節、教師節，其桌上粽子、月餅、卡片，不計其數，至今，常有學生寄結婚照、全家福照、紅色炸彈，炸得老大眉開眼笑。

曾有家長因子弟犯過被打，要求醫生開診斷書，欲提起控訴，醫生詳問其情，告之曰：「吾用良藥治好患處，但絕不開診斷書，其人奉獻教育，恩威並用，如此良師嚴父，怎能控告？戕傷教育莫甚於此！欲開診斷書請至別家。」

「透早」即起巡視校園四周，維護學生上下課交通安全，學校連年得生活教育成績特優；夜晚家家燈火，仍來回逡巡於青少年易聚集滋事之地，數度面臨恐嚇被砍之危險，日夜以校為家，社區家長無不豎起大拇指感謝稱讚；又偶遇家長疏於管教，態度無禮，老大氣勢一來破口指責，家長咬牙切齒之餘，低頭省思，亦自知歉疚！

老大不慕榮利，慷慨濟急。有一生行為惡劣，家長不顧，傅老大管教甚切，頻頻家訪，為其購置衣褲、書包，打理日常所需；歷年，更有幾家「一門英烈」，全仗老大鎮壓、安撫、疼愛，幫助兄弟姊妹度過狂飆三年；每逢佳節，自掏腰囊，餽贈導師；待己甚儉，短褐穿結，十年屈居一隅斗室，屢吃泡麵饅頭度日（不僅留名瑠公，還想千年不腐）──晏如也！好漢卸職，不言當年神勇，常以嚴肅態度自笑笑人，忘懷得失，以此自終。

贊曰：瑠公女子有言曰：「督促師生甚嚴，律己更嚴，花樣青春為瑠公白髮，美好姻緣為瑠公耽延，是為瑠公真男人。」味其言，茲若人之儔乎？爬山玩接龍，以樂其志，懷古風之師歟？為師者，見之而自省之良師歟？

（原載《瑠公人》第九期 821225）

靈與光　仿作　張曉風〈一幅畫〉

　　這是一本戴佳茹老師的畫冊：靈光 —— 靈性經驗抽象繪畫創作，很特別的基督教藝術。

　　我最喜歡這一幅命名為「自然中的靈光 NO3」的畫，乍看之下，這似乎是一幅寫意的山水畫，模糊的界線漂浮一片空靈的禪意！

　　彷彿是在細雨濛濛的午後，一個人坐在山邊木屋的窗下，遙望對山的寂靜，言語是多餘的攪擾，心在山嵐間融化了，我是山，山也是我，我是嵐，嵐也是我，風是看不見的流動，微微的光，是唯一的仰望！

　　隨手一把簡單的筆鋒，剪下一塊遠山含煙天光迷離，掛在牆上；或者，我的靈也乘著彩筆的雙翼，雲深不知處了，物我皆在，物我兩忘，我「畫」了！我「化」了！

　　此刻，喝酒是太烈了，喝咖啡是太濃了，緩緩啜一口山泉清冽的綠茶，小心不要驚動山與嵐的輕聲細語，淺淺茶香的滋潤，低低湧出一首歌：「祂隱藏我魂在磐石的穴中……祂將我生命藏祂愛的深處……」沒有音準的自由，讓靈的運行在喉嚨深處默默回甘，也在心靈深處淡淡留韻！

　　我的詩意，我的心意，只有光知道！

　　又彷彿在一陣風雨過後，隱隱約約的層峰，在煙嵐縹紗中靜靜地等候，等候山稜之上漸漸地透露，透露半輪溫柔的陽光。

　　這是風雨之後無與倫比的靜謐，山靜靜地模糊，你知道祂仍然屹立；嵐靜靜地模糊，你知道祂即將散去；風靜靜的模糊，你感受祂無形地川流；靈靜靜地模糊，你知道祂一直都在；光靜靜地模糊，卻有躍動的光輝在左右山頂的上方展開，你知道祂的光穿山越嵐照在你的心裡！

　　這光啊！是在風雨中仍然不變的光；是在風雨之後，山與嵐等候的光；是經歷風雨陷在天昏地暗混沌不明之中，還能抬頭仰望的人，所渴慕的光；這是即將從高天照進黑暗的光。

　　光一來，天就亮了，心就亮了，在寂靜中帶著力量安詳，這是光！

　　神就是光！

　　生長在傳統的家庭，我原是佛道不分，寺也拜、廟也拜！宮也拜！

　　大學常常聽佛學講座，之後迷上禪學，這樣田園山水詩人般的意境，與文學和文化結合，親切而自在，像空氣一樣自然地在生活中呼吸！

　　以至於，當同事傳福音給我時，我辯駁、我疑惑、我很難割捨這屬於中國的美，東方的玄，經過讀經禱告三年，我才踏進教會，進教會五年，我才決志受洗。

　　我一直以為基督教的藝術，在色彩鮮明的馬賽克裡，在寫實逼真的油畫裡，在宏偉高聳的尖拱、拱肋、飛扶壁裡，在精雕細琢的雕像裡，值得仔細欣賞瞻仰，在驚艷之餘，總有一抹淡淡的失落，彷彿這離我好遠又好久，這不是我的記憶、我的學習、我的呼吸！

　　看了這本畫冊，我有一點驚訝，老師用一支彩筆畫畫，所要表達的是一種與神之間無法具體呈現的奇妙感受，一種空靈、神祕、簡單、真實而無法言語的屬靈經驗，一種彷彿「沒有」的「有」；再用一支鉛筆，在沒有輪廓的靈與光中，寫下「有」的悸動，每一幅畫的旁白，都像一首歌，一首詩，像一個孩子對天父切切的呢喃，像一個朋友對著你的心說話，誠懇地與你分享上帝的話、上帝的靈、上帝的光，靜靜地發出邀請：好希望你來認識這位上帝！

　　我想畫家也是如此淡雅的特質，人如此，畫如此，話也如此！

　　我有許多驚喜，尤其是這一幅畫，中國的山與嵐，東方的禪與韻，在神的光裡。

　　我們可以在自己的文化與藝術中，這樣親切地親近神、敬愛神、享受與神的交通。

　　「禪」本來是一個形聲字，從示單聲，在「畫裡」會意了，「禪」是單單思念神，單單與神相會，經歷「神的靈」與「神的光」！

（《基督教論壇報》1031022）

生機

辦公室窗邊的櫃子上，擱著一只缺角的廣口容器，是大同窯產製的白底嵌淡彩葡萄花樣淺淺的瓷碗，蒙層厚灰，一直沒人認領。

一天心血來潮，洗滌後在碗裡平鋪數張粉藍色面紙，蓄滿淨水，上頭橫置一條肥魚般紅皮黃肉蕃藷，飽實圓滾地可愛！

漸漸地，碗中一日有一日的新奇變化，先是小眼兒冒出白點，白點兒又長長，一岔就是十條二十條的鬚髯，接著大眼兒急著蹦出，再用力伸展雙臂，由合掌的子葉，逐次開啟。

一夜過後，恍若乾坤乍現，竟然是鮮碧如洗的菱角葉，鑲著紅綾線的脈絡！到後來，他們瘋狂競賽，急著長高長壯長得一室蓬勃。

這春到的訊息傳遍辦公室。

大伙兒清早到校，一邊說：「早！」一邊走來窗口，驚見新長的芽、長高的梗，以及愈見曲線愈發綠意的葉叢。「長得真快！」「是啊！滿有趣！」老師們吱吱喳喳低語，迎接新的一天。

我們忙著改週記、趕進度、出試卷；藷葉也悄悄茂密得擁擠不堪了，有些甚至泛黃枯乾了。

我們不得不裁去弱枝互梗。是啊！這是生存競爭，也為了維持有限空間的生存品質。

新牙仍不斷冒頭，鬚根也盤捉整個磁碗，與面紙黏貼無隙了。不久發現藷根略微傾斜，因為莖葉向陽，又愈長愈粗。

於是我們隔日就輪轉受光面，不消數日，他反倒零散地東西搖晃，好似無所適從的孩子，無奈的舉手投降：「你饒了我吧！我往哪兒長才對呢？」也許他曾這樣高聲吶喊。

看著他成長，我們分享他青春活躍的喜悅，為他澆水剪枝，我們原是冀盼他長得自然優美的，哪知道卻變成大頭兵般的亂隊伍。

六個禮拜後，整株番諸葉型疲軟將垂，諸根表皮暗皺無光，失去飽滿的養分了，是先天不足的徵兆，畢竟沒有豐實的基礎能量，再繁盛的枝葉也短促如曇花一現。

果然，我們必須常常順手摘去凋萎的部分，眼見剩下不過幾枝殘梗，更遭的是：老鼠竟然在根上啃咬，並留下技術不怎樣的大小洞，洞口泡了水，發出點點青黑色的黴斑。

有同事建議：「快死了嗎？丟掉，換一顆種吧！」也有建議：「移到土盆裡，土多營養夠，才會長得好。」還有人故示禪味說：「順其自然，榮枯不過轉眼哪！我們經歷過程的美好了！」

笑鬧間，低頭驚見背光側面近水處，正露出紅嫩的小芽，當天下午我剎下磁碗上冗密的牽絆，把整個兒蕃諸帶到後山，埋在河畔的土堆裡。

回程，我又繞到市場再買一顆，一顆飽實圓滿的蕃諸。

（原載《張老師月刊》心靈清流系列 2）

瑠公小語

其一
好山好水　傲視台北
地靈人傑　盡在瑠公

其二
藍天青山綠水　台北御花園
書聲琴音笑語　瑠公好風光

（原載《瑠公人》8806）

瑠公 最後一頁 仿作 蔡琴演唱 慎芝作詞〈最後一夜〉

趕不完惱人進度

喝不盡累人蠻牛

課後有誰為我留

研習語不休

掃不完廁所操場

看不盡成績浮沉

往事有誰為我數

空對虎山訴

我也曾陶醉在有效教學

像飛舞中的彩蝶

我也曾心碎於案前作業

哭倒在冬天深夜

電腦將關生也醒

此刻該向他告別

鐘響人散

回頭一瞥

唔～

最後一頁（1030628）

十四歲的春天

ㄆㄧ ㄉㄧ ㄆㄚ ㄉㄚ
ㄆㄧ ㄉㄧ ㄆㄚ ㄉㄚ
恭喜　恭喜　大家恭喜

厚厚的壓歲錢　買不到陽光的笑臉
寒假　而寒假　竟然在連綿冷雨中度過
秒秒　分分　天天　陰雨綿綿　綿綿的陰雨
作業是荒蕪的田地　長著後悔的草梗
驀地
開學了
怎麼考試的巨人就站在校門口
張牙舞爪狂笑著　深深看透
歡笑背後焦急的投影
寒假　而寒假　竟然在連綿冷雨中度過
秒秒　分分　天天　陰雨綿綿　綿綿的陰雨

考試展開洛基強健的肌塊
左勾拳　右勾拳
勝利　在史特龍的歪嘴中
爆出票房長紅
翰翰　成績單發了吧
社會科　六十六分
自然科　五十七分
英文科　四十分

數學科　三十二分
那　那作文呢　拾捌啦十八分
爸爸　爸爸
（母：老猴　老猴　唉呦死老猴　你就不ㄊㄤ死喔　喔一喔一
救護車的聲音）

歷史到底關我什麼事
眼看隋興了
眼看宋亡了
四百年是非功過一場夢
醒來驚見物換師移
光明　下課了　該起來啦（唉　背景歌　人生海海　甘需要攏了
解……）
從台北到高雄
老師乘坐粉筆七四七
登上高山繞過小溪
灑落一地 ABC
算不完 xy
湊不起來 xxyy
想不起來多變的天氣
編織不完補習的日記
十四歲的春天
滿山盡是早開的考卷
萬紫又千紅

楠人木在晨曦中

隨著去了又回的寒風抖落

一片片　一張張

紅的　紫的　橘黃的　老葉

是尋根而滄桑的遊子

緩緩飄　啊　飄　落地

化作沃土重育新生

枝頭已悄悄鑽出

忙著喝水曬太陽的嫩綠

生與死　在時間裡交替

苦與樂　在生活中循環

而　十四歲的國中生

我們將成為明日的棟樑

（考完啦　呼　段考考完啦　喔　）

走　讓我們上陽明山

讓我們去拜訪美麗的春天

心情是出籠的八哥

嘰嘰呱呱叫著大人們聽不懂的

新　新　人　類

快樂沿著階梯盡情開放

我們是熱情的含羞的純情的

我們是鮮紅的粉霞的雪白的

我們是嫵媚的杜鵑

在樹叢間靜定裡微笑

舞躍著生命無窮的動力

於是充脹的腦袋

順著自然的水脈
湧出沁涼的溪流
潑濺著大山的智慧
於是　窄隘的心胸
隨著氤氳的地熱
擴展在嶙峋的奇石上
終將　化為直達天聽的　志向
十四歲的春天
跳著　笑著　吶喊著
春天

（臺北市八十九年度團體詩歌朗誦國中組第三名詩歌創作稿）

語文教學叢書 1100015

翻轉吧！國文正青春

作　　　者	邱淑琴	
責任編輯	蔡雅如	
特約校對	林秋芬	

發 行 人　林慶彰

總 經 理　梁錦興

總 編 輯　張晏瑞

編 輯 所　萬卷樓圖書股份有限公司

排　　版　林曉敏

印　　刷　百通科技股份有限公司

封面設計　菩薩蠻數位文化有限公司

發　　行　萬卷樓圖書股份有限公司

臺北市羅斯福路二段 41 號 6 樓之 3

電話 (02)23216565

傳真 (02)23218698

電郵 SERVICE@WANJUAN.COM.TW

大陸經銷　廈門外圖臺灣書店有限公司

電郵 JKB188@188.COM

香港經銷　香港聯合書刊物流有限公司

電話 (852)21502100

傳真 (852)23560735

ISBN 978-986-478-023-5

2016 年 9 月初版

2020 年 6 月初版二刷

定價：新臺幣 320 元

如何購買本書：

1. 劃撥購書，請透過以下郵政劃撥帳號：

帳號：15624015

戶名：萬卷樓圖書股份有限公司

2. 轉帳購書，請透過以下帳戶

合作金庫銀行 古亭分行

戶名：萬卷樓圖書股份有限公司

帳號：0877717092596

3. 網路購書，請透過萬卷樓網站

網址 WWW.WANJUAN.COM.TW

大量購書，請直接聯繫我們，將有專人為

您服務。客服：(02)23216565 分機 610

如有缺頁、破損或裝訂錯誤，請寄回更換

國家圖書館出版品預行編目資料

翻轉吧！國文正青春 / 邱淑琴著.-- 初版.-
- 臺北市：萬卷樓, 2016.09

面；　公分.　--　(語文教學叢書)

ISBN 978-986-478-023-5(平裝)

1.國文科 2.教學法 3.中等教育

524.31　　　　　　　　　　105014998